Friedrich Spielhagen

Neue Beiträge zur Theorie und Technik der Epik und Dramatik

Friedrich Spielhagen

Neue Beiträge zur Theorie und Technik der Epik und Dramatik

ISBN/EAN: 9783742869784

Hergestellt in Europa, USA, Kanada, Australien, Japan

Cover: Foto ©Thomas Meinert / pixelio.de

Manufactured and distributed by brebook publishing software
(www.brebook.com)

Friedrich Spielhagen

Neue Beiträge zur Theorie und Technik der Epik und Dramatik

Rechte zu kommen), kann man an nur zu weiten Partien unserer modernen Novellistik beobachten, nicht zum wenigsten an J. R. zur Megedes Roman Unter Zigeunern. Nicht als ob es diesem Autor, der, soviel ich weiß, erst ganz neuerdings in die Schranken getreten ist, an Talent fehlte! Ich spreche ihm sogar ein großes zu und will — im ganzen wenigstens — die Welt, die er uns zeigt — meinetwegen: das Stück Welt, le coin de la nature, um mit Zola zu sprechen — als richtig gesehen und richtig dargestellt gelten lassen. Aber wie trostlos häßlich ist diese Welt! Wie können wir uns beim besten Willen so gar nicht dazu bringen, an diesen Menschen herzlichen Anteil zu nehmen, ihre Lose fallen nun süß oder sauer! An diesen blasierten Männern mit den Tigerkrallen in den Glacéhand=schuhen! diesen raffinierten Weibern, deren jedes Lächeln Lüge ist! Und dann — der Autor möge es mir verzeihen! — wenn ich auch, wie gesagt, die Richtigkeit seiner Zeich-nung im allgemeinen willig zugebe, im einzelnen kann ich mich gelinder Zweifel nicht erwehren. Ich glaube doch, mein Berlin, in dem ich seit über ein Menschenalter wohne, auch einigermaßen zu kennen und bin insonderheit während der langen Zeit durch recht viele Salons gekommen; aber durch keinen, wie er ihn schildert und den er gewissermaßen zum Mittelpunkt seines Bildes macht. Anklänge an solche, die ich seiner Zeit frequentierte, o ja, die finde ich; ich glaube sogar, ich könnte hier und da eine Person bezeichnen, die ihm Modell gesessen hat. Ich werde mich wohl hüten, es zu thun. Von ihren Zügen sind nur die genommen, die ihnen nicht gerade zur Schönheit gereichten, und noch dazu so vergröbert und verzerrt, daß aus dem Unschönen ein ab=schreckend Häßliches wird. Darüber will ich mit dem Autor nicht rechten; das ist eine Freiheit, die dem Dichter gestattet sein muß, oder er mag sein Metier nur aufgeben. Aber ich finde die Gesellschaft, die sich in dem „Salon Linker" versammelt, aus gar zu heterogenen Bestandteilen komponiert. Ich glaube nicht, daß die schöne, feinfühlige, im Grunde tugendhafte Frau Professor hineingehört, oder zum zweiten= mal den schlanken Fuß über die Schwelle gesetzt hat. Vor allem bezweifle ich aufs äußerste den Einfluß, der diesen Herren Litteraten vierten und fünften Ranges zugeschrieben wird, und der so weit gehen soll, daß sie nach Belieben einen litterarischen Ruhm kreieren oder vernichten können. Es wäre auch schlimm, wenn sie es könnten; wenn die Hauptmann, Sudermann, Fulda ihre Kränze aus solchen Händen entgegennehmen, von solchen Händen zerrissen sehen müßten. Nein! es giebt Gott sei Dank noch Richter in Berlin; nur im „Salon Linker" verkehren sie nicht.

Die realistische Kunst hat ein zweites Mittel, ihre Ge= bilde von dem Odium des Banalen und im schlimmen Sinne Prosaischen, das ihnen nur zu leicht anhaftet (in den Augen vieler existiert es freilich nicht), zu erlösen: wenn sie nämlich versteht, das Dämonische, welches die Wirklich= keit viel öfter birgt, als es scheint, zu entdecken und zu entfesseln. Zola hat es — im Germinal z. B., in La bête humaine, in L'œuvre und sonst — meisterlich verstanden. Zur Megede streift in dem eben besprochenen Roman wiederholt daran. So hat Frau Lo in der infernalischen Kälte ihres Herzens etwas, das an das Dämonische grenzt; einen Schritt weiter, und die infernalische Region thäte sich uns voll auf.

Sie thut es in der Novelle Kismet, nach welcher der sie enthaltende Band trotz der zwei zugegebenen Piecen: Frühlingstage in St. Surin und Schloß Tombrowska, mit Recht den Titel führt. In diesen beiden kommt das

Landschaftliche: die Ufer des Genfersees dort, die Wüstenei unserer polnischen Grenzlande hier — sehr gut heraus, wie denn auch sonst in dieser Richtung eine der Hauptstärken unseres Autors liegt. Aber in den „Frühlingstagen" ist die Erfindung nicht eben originell, der novellistische Konflikt von keinem hervorragenden Interesse, die Lösung unschwer vorauszusehen. Im „Schloß" wird ein starker Ansatz zum Dämonischen gemacht, der eben schon um deshalb mißlingen mußte, weil — es ist eine Gespenstergeschichte — die spukenden Herrschaften uns nicht im mindesten interessieren.

Anders steht es mit „Kismet". Abgesehen von allem anderen haben wir es hier mit einer schön in sich abgerundeten Komposition zu thun, in der die Ausführung der einzelnen Teile nichts zu wünschen läßt. Die handelnden Personen — es sind eigentlich nur zwei — stehen mit greifbarer Klarheit vor uns: er, ein geschwenkter Kavallerieoffizier, der in dem abenteuerlichen Leben, das er nun zu führen gezwungen, mit einer Energie, durch die er sich unsere Teilnahme sichert, gegen den Untergang siegreich kämpfte und es schließlich zu einer bescheidenen bürgerlichen Stellung brachte. Nun kann er ein armes Mädchen heiraten, daß ihn in seinem Glanze als schneidigen Steeplechase- und Manöverreiter gesehen, bewundert, geliebt hat. Aber ein Wurm nagt an der holden Blüte des jungen Eheglücks. Sie kann sich nicht vergeben, daß er durch sie in einer ihm unwürdigen Armut festgehalten, durch sie um eine Zukunft, die sie sich trotz alledem in höchstem Glanze ausmalt, gekommen sein soll. Das ist so menschlich, so echt weiblich. Sie liebt den Geliebten so, daß sie, wie sie selbst sagt, ihn aus der Alltagsmisere zu retten, ein Verbrechen begehen könnte. Und sie begeht das Verbrechen. Auf der Rückreise

von Rom, wo er für sein Haus eine bedeutende Summe
einzukassieren hatte, verspielt sie in Monte Carlo das Geld,
das er ihr zur Bewahrung anvertraute, und nimmt sich, da
ihr brennender Wunsch, ihn reich zu machen, in sein fürch=
terliches Gegenteil umgeschlagen, das Leben. Er versucht,
die Schuld auf sich zu lenken, und folgt ihr freiwillig in
den Tod. So denn hat sich sein „Kismet", sein Fatum,
an das er, der alte Spieler, festiglich glaubt, als das
Dämonische, Unwiderstehliche, des Menschenwillens Spottende
ausgewiesen. Um so grausiger, als nicht er direkt das Un=
vermeidliche heraufbeschwört, sondern das geliebte Mädchen,
das durch ihre Liebe ein Teil von ihm geworden ist, den
seine Vergangenheit ein für allemal jenen Mächten ausge=
liefert hat, von welchen Wallenstein sagt, daß keines Men=
schen Kunst sie vertraulich macht.

Wie vortrefflich diese Novelle ist und wie freudig man
den Dichter zu ihr beglückwünschen darf, ich müßte fürchten,
mein bißchen kritisches Renommee einzubüßen, hätte ich gar
keine Ausstellungen zu machen. Die erste bezieht sich auf
die Unwahrscheinlichkeit, ja, Unmöglichkeit, daß ein zum
Tode verwundeter Mensch, dessen Stunden gezählt sind, bei
einer Fiebertemperatur von vierzig Grad zu dieser ausführ=
lichen, detaillierten, vortrefflich stilisierten, schriftlich=eigen=
händigen Relation seiner Fata im stande sein soll. Es wird
dem idealistischen Dichter so sehr verargt, wenn er „gesteigerte
Gestalten" schafft; da darf man doch wohl von dem realistischen
erwarten, daß er weder in den Voraussetzungen seines Werkes,
noch im Werke selbst uns Dinge zumutet, bei denen selbst
Judäus Apella, der Heilige der Leichtgläubigen, den Kopf
schütteln müßte. Und ist es wahrscheinlich, daß der Held
die Summe, die er in Rom auskassiert hat — 80 000 Mark
— bar bei sich führt? Und wenn hier nicht eine Anweisung

an der richtigen Stelle gewesen wäre — ist es motiviert, daß er seiner Melitta das Geld, von dem er sich sonst Tag und Nacht nicht trennt, anvertraut, weil er einen Spaziergang in die Berge machen will, während sie unwohl im Hotel zurückbleibt? Das schmeckt doch allzusehr nach Absicht, nach dem Streben, die Katastrophe quant même herbeizuführen.

Was ich oben über den problematischen Wert eines Erst= lingserfolges gesagt, möchte ich nicht auf eine Arbeit bezogen wissen, die, was ihren ästhetischen Gehalt betrifft, sich wohl mit „Kismet" messen darf. Ich meine: „Die Siegerin" von Clara Sudermann. (Wien, Wiener Mode.)

Die Dame, Hermann Sudermanns Gattin, tritt meines Wissens hier zum erstenmal mit einem Buche vor das Publikum; aber sie handhabt die spröde Form der Novelle mit einer Sicherheit und Gewandtheit, die eine vielfache Übung voraussetzen. Das sehr schwierige Thema: der Verrat der jüngeren an der älteren, von ihr, soweit sie lieben kann, geliebten Schwester — ist vorzüglich durchgeführt. Die Charakterzeichnung beider: der älteren, verheirateten, die ganz Sanftmut und Liebe, der jüngeren, welche in der Welt eine Auster sieht, die sie sich auf jeden Fall öffnen will, ist ohne Bruch und Tadel. Nicht minder die des Vaters Oberförster, dessen äußere Korrektheit mit seiner Herzenskälte so vortrefflich paktiert; des weichen, unent= schlossenen Liebhabers, des brutal=egoistischen Gatten. Das ländliche Milieu: die Oberförsterei, der Wald, das adlige Gut trefflich herausgebracht. Dabei, wie es für den ge= schulten Novellisten heutzutage einfach obligatorisch ist, nir= gends eine direkte Schilderung, nirgends eine grelle Farbe, alles in feinen Übergangstönen — symbolisch für die zwischen Gut und Bös, Kraft und Haltlosigkeit schwankenden Menschen.

Jebe Scene, ohne daß man den Umriß merkt, reinlich von
der vorhergehenden, der folgenden sonderub; einzelue, wenn
sie den Stoff dazu in sich tragen, von hinreißender Macht
der Darstellung. So die unmittelbar vor der Hochzeit der
jüngeren Schwester, als die ältere den geliebten Mann in
den geschmückten, hell erleuchteten Zimmern allein findet;
sie in unwiderstehlichem Drange sich zum erstenmal in die
Arme sinken; ihr sittlicher Instinkt der Frau sagt, daß die
Ehe, die da eben geschlossen werden soll, eine moralische
Ungeheuerlichkeit, ein Verrat an dem Heiligsten ist; der
Heroismus ihrer Liebe sofort nach dem einzigen Ausweg
drängt, der ihnen bleibt; und der Feigling von Mann sich
nicht zur Flucht entschließen kann, den Augenblick der Rettung
versäumt und den nächsten herbeikommen läßt, der beide für
immer elend macht — klein, wie die Scene ist, so groß ist
sie gedacht, mit so — ich möchte sagen: elementarer Kraft
ist sie ausgeführt.

Und das humoristische, das dämonische Element?

Ich habe nicht gesagt, daß die realistische Dichtung es
überall erfordert, sondern nur da, wo sie trivial zu werden
droht.

Aber an der „Siegerin" ist nichts trivial, am wenigsten
der Titel mit seiner schneidenden Ironie.

* * *

Der Standpunkt des älteren Naturalismus: es sei der
Nachweis ihrer Wahrheit der völlig ausreichende Rechtstitel
jedweder künstlerischen Schilderung, darf jetzt wohl als über=
wunden gelten. Freilich nur in der Theorie; in der Praxis
ist sein Ansehen längst nicht gebrochen. Er hat da noch
Anhänger, sehr strebsame, sehr talentvolle sogar; und so ist es
nicht sowohl verstattet, sondern geboten, auf den nur schein=

bar veralteten Satz, der die Wirklichkeit dauernd mit solcher Kraft beeinflußt, von Zeit zu Zeit zurückzukommen.

Liegt es doch auch auf der Hand, wie es den Künstler reizen muß, wenn er die Virtuosität seiner Technik, seiner Mache, in der naturgetreuen Wiedergabe eines Gegenstandes leuchten lassen kann! Und ist dieser Gegenstand ein häß= licher, abstoßender, widerwärtiger, um so besser. Er pflegt derbere Züge, eckigere Konturen und, wenn nicht glänzendere, so doch drastischere Farben zu haben, als der schöne, anzie= hende, anmutende. Das hat den doppelten Vorzug der grö= ßeren Leichtigkeit in der Wiedergabe und der bedeutenderen Wirkung auf das Publikum. So rentiert sich die Arme= leutemalerei (in Farben und Worten); und der socialdemo= kratische Zug der Zeit spricht seinen Segen über den huma= nen, gesinnungsvollen Künstler. Nicht daß er um diesen Segen buhlte! durchaus nicht! Seine socialpolitischen An= sichten können in eine ganz andere, vielleicht die entgegenge= setzte Richtung weisen; möglicherweise hat er überhaupt keine (was ihm ja, als Künstler, nicht zum Verbrechen gemacht werden kann). Nein! jener Segen kommt ihm ganz unge= wollt von oben, weil er eine Saite berührte — als Künstler nur, ganz absichtslos —, die in der Brust des modernen Menschen eine so starke Resonanz hat.

Diese Extravergütung wird dem naturalistischen Künstler aber keineswegs zu teil, wenn seine Wahl auf einen Gegen= stand fiel, mit dem in der Wirklichkeit des Lebens niemand Sympathie hat und haben kann: weder der Konservative, noch der Radikale; weder der Skeptiker, noch der Gemüts= mensch; der vielmehr allen gleich verhaßt und widerwärtig ist, die natürlich ausgenommen, welche sich sogleich verstehen, sobald sie in einem gewissen Element zusammentreffen. Ich will damit nicht etwa auf Pierre Louys „Aphrodite" und ähnliche pornographische Romane französischer Provenienz hingedeutet haben. Einmal handelt es sich in diesen Artikeln ausschließlich um deutsche Novellistik; sodann liegt das Genre, das ich meine, in einer anderen Richtung, nach der man harmlose Wanderer freilich auch nicht weisen darf, aus wel= cher man sich aber bald wieder rettet, mit einem gesunden Gefühl gründlichen Abscheus freilich, aber ohne sonst an seiner unsterblichen Seele Schaden gelitten zu haben. Denn wie widerwärtig auch das hier geschilderte Laster sein mag — verlockend, verführerisch ist es ganz und gar nicht. Die Sorte Laster, von der uns J. R. zur Megede (s. den I. T. des Artikels!) in seinem „Unter Zigeunern“ einen unerfreu= lichen Vorschmack gab, nur daß andere uns dasselbe Gericht, sehr viel kräftiger gewürzt und mit einer weitaus pikanteren Sauce, vorsetzen, ohne es dadurch schmackhafter zu machen. Es könnte einem weh thun, den prächtigen Georg von Ompteda in dieser Gesellschaft zu sehen; und daß man ihn da sieht, ist ein Beweis, welche dämonische Anziehungs= kraft die Aufgabe, ein häßliches Objekt in seiner ganzen Abscheulichkeit wahrheitsgemäß zu schildern, auf den Künst= ler, der sich seiner Kraft bewußt ist, ausüben muß. Er hätte sonst seinen Roman Drohnen sicher nicht geschrieben.

Auf der Welt wird niemand den Dichter von „Sylvester von Geyer“ und „Unser Regiment“ — den treuherzigen, gemütvollen, ritterlichen — auch nur einen Moment in dem Verdacht der Sympathie haben mit dem Gelichter, dessen unerfreuliche Bekanntschaft er uns in „Drohnen“ machen läßt. Verworfenes Gelichter der schlimmsten Sorte, diese Lebemänner bei „Westfal unter den Linden“: Spieler, Schlemmer und Demmer mit den obligaten Dirnen! Wüst= linge — rien de plus! Keine Spur höherer Geisteskultur, von Geist schon gar nicht zu reden! Nichts, absolut nichts, das einem doch in etwas mit dem moralischen Schmutz, der hier aufgedeckt und aufgewühlt wird — man kann nicht sagen: versöhnte — wer und was könnte einen mit Schmutz versöhnen? — aber ihn uns doch ein wenig erträglicher machte! Der einzig halbwegs Anständige — meinetwegen im Grunde Anständige — zieht sich bald von der Bande zurück. Einen Helden hat die Geschichte nicht, darf sie ja auch, als realistisches Produkt strenger Observanz, nicht haben.

Das Lob realistisch-naturalistischer Kraft und Wahrheit, welches dem Roman zweifellos zukommt, würde aus meinem Munde noch viel heller ertönen, könnte ich es auf seine Ehrenqualitäten hin besser kontrolieren. Dazu aber — ich gestehe es zu meiner Beschämung — fehlen mir die einschlägigen Kenntnisse, Erfahrungen. Doch habe ich von Eingeweihten gehört: es habe alles seine Richtigkeit.

Mit der nackten Gemeinheit, welcher der naturalistische Dichter so mutig auf den häßlichen Leib geht, hat sich Konrad Telmann sehr, sehr selten eingelassen, und wenn er es, wie „Unter dem Strohdach", ganz gegen sein Empfinden, dennoch that, sehr zum Schaden seiner poetischen Seele. Denn mit dem Pathos, in dem seine Stärke liegt, ist der Bestie nicht beizukommen; seine realistische Kraft aber erwies sich nicht so groß, daß die Wahrheit der Schilderung die Abscheulichkeit des Geschilderten bis zu einem gewissen Maß vergessen machen konnte; und das Götterkind Humor war ausgeblieben, als so viele Genien sich vereinigten, an seiner Wiege Gaben darzubringen.

Wackerer Konrad Telmann! Mann, in dem kein Falsch war! edler Dichter! Als ich, diesen Artikel beginnend, mir die letzte seiner Novellen „Lukretia" zur Besprechung zurücklegte, lebte er — krank, wie immer; aber ihn krank zu sehen, an der Pforte des Todes — daran waren wir ja seit Jahren gewöhnt, hatten wir uns gewöhnen müssen; jedes als einen Gewinn betrachtend, dessen Sommer ihn aus seiner italienischen Verbannung auf ein paar Wochen in seine nordische deutsche Heimat führte. Denn, wie tief Italiens blauer Himmel und ragende Pinien seine schönheitsdurstige Seele befriedigen, wie wohlig die lauen italienischen Lüfte seine kranke Brust laben mochten; wie tief er in italienische Kunst und Litteratur eingedrungen war; wie viele Stoffe zu Novellen, Romanen und Gedichten der Aufenthalt im Süden ihm gewährt hatte — er war und blieb ein Deutscher vom Scheitel bis zur Sohle; deutsch in seinem Denken und Empfinden; in der innigen leidenschaftlichen Teilnahme, mit der er aus der Ferne den Gang der vaterländischen Dinge verfolgte; wo er glaubte, daß es nötig sei und nützen könne, mit feurig beredten Worten in die Debatte eingreifend. Nun hat uns — vor wenig Monden erst — die Trauerkunde seines Todes ereilt. Da — in dem Schmerz um seinen Verlust — will sich ein kritisches Licht, das eines, wohl längst nicht das bedeutendste seiner Werke streift, wenig geziemen; da müßte man die Summe seines litterarischen Daseins aufmachen. Und es wäre keine so schwere Aufgabe trotz der langen Reihe seiner Werke und der Verschiedenartigkeit der Themata, die sie zum Vorwurf hatten. Er blieb sich nach den ersten, etwas schwerfälligen jugendlichen Versuchen, in denen er von starken, ihm selbst freilich sicher völlig unbewußten Anlehnungen an Schriftsteller, die er für musterhaft halten mochte, nicht freizusprechen ist, seltsam gleich, bis er sich in seiner letzten Zeit in seinem Schaffen von der „Moderne" mehr als recht beeinflussen ließ. Ich meine: mehr als ihm recht und der Art seines Wesens und Dichtens vorteilhaft schien. Denn wie klar auch sein Blick war und wie scharf er zu sehen vermochte, seine Art blieb

doch die idealistische, welche die Dinge nicht lassen kann, wie
sie ursprünglich beobachtet sind, sondern an ihnen modeln
und bilden, sie aus der brutalen Lokalfarbe in ein abgetöntes
Licht rücken, aus dem pragmatischen Zusammenhang nehmen
und in einen anderen stellen muß, der das, was dem Künstler
als „Idee" vorschwebt und worauf es ihm im Grunde allein
wirklich ankommt, zur Geltung bringt oder doch zu bringen
scheint. Wo er diesem seinem innersten Drange nachtwand-
lerisch folgt, leistet er Vortreffliches; wo er ihm untreu wird
— es ist, wie gesagt, nur in seiner letzten Periode der Fall,
und die hätte er sicher bald überwunden —, thut er es
denen nicht gleich, deren Hand naturalistisch geschult war,
wenn auch ihre künstlerische Begabung sonst an die seine
nicht hinanreichte. Und in seiner eigentlichen Sphäre? der
• der idealistischen Kunst? Es wäre ja unhaltbar, wollte man
ihn zu den Großmeistern, den führenden Geistern rechnen.
Er, der so hoch von seiner Kunst dachte, würde für eine
solche Behauptung nur ein Lächeln gehabt haben. Sein
Talent äußerte sich durchaus in einer mittleren Sphäre des
Vermögens, über die hinaus es sich nicht erheben, unter die
herab aber auch nicht sinken konnte, ungleich dem Genie, das
neben seinen Götterbildern auch Fitzliputzis, oder — was
viel betrüblicher ist — ganz hausbackenes Zeug schafft. Er
gehört zu der Species überaus schätzbarer Künstler, ohne
die weder das Theater noch die Litteratur bestehen kann;
die, da die Genies, die Schöpfer, höchst sparsam gesäet sind,
sonst in die Hände der Nichtse fallen, d. h. zu Grunde gehen
müßten. Sie, welche die Garriks freilich nicht ersetzen können, aber auch keine schwierigste Rolle verderben, keinen
„Faust" schreiben, aber auch keine „Aufgeregten"; sie, denen
die große Tradition etwas Hochheiliges ist, daß sie denn
auch so halten — sie sind es, die den Thespiskarren über

eine sonst allzu öde Strecke hinausführen auf grünes Land, das Schiff der Litteratur aus einer rücklaufenden Ebbe in frische Flut. Darum sind sie unschätzbar und alle ihnen zu innigster Dankbarkeit verpflichtet, die großen Genies vielleicht am allermeisten. Würden sie es doch trotz alledem kaum weiter bringen als der unglückliche Sisyphus, wenn der Stein, an dem ihre Kraft erlahmt — einmal erlahmt ja auch die größte —, von diesen wackeren Händen vor dem völligen Zurückrollen in den tiefsten Abgrund nicht bewahrt würde!

Sehr viel schwerer in eine bestimmte Rubrik unterzubringen ist ein anderer, jüngerer Schriftsteller, der die happy few, die ihn kennen, höchlichst interessiert und sehr viele interessieren würde, nur daß sie ihn leider nicht kennen. Ich spreche von dem Hamburger Otto Ernst.

Schon seine Vielseitigkeit macht dem Kritiker zu schaffen, denn er ist Novellist, Dramatiker, Lyriker, Essayist, gelegentlich Humorist und Satiriker pur sang. Die eigentliche Schwierigkeit, über ihn zu einem abschließenden Urteil zu gelangen (soweit von einem solchen bei einem Schriftsteller die Rede sein kann, der sicher noch eine lange Bahn zu durchlaufen hat), liegt wo anders. Nach gewissen Symptomen wäre man geneigt, ihn zu den ganz Modernen zu rechnen; nur daß da wieder andere Seiten sind, wegen derer man ihn als Idealisten ansprechen möchte. Zu den ersteren zähle ich seine Neigung zur Armeleutemalerei in der obligaten pessimistisch dunkelsten Farbengebung; das trotzig kecke Herauskehren seiner Subjektivität, mag darüber die künstlerische Form immerhin geschädigt werden; zu den letzteren sein tiefes, manchmal bis zur Sentimentalität weiches Empfinden; seine entschiedene Neigung zur Träumerei mit offenen, sonst so hellen Augen. Aus seiner Schwärmerei für Goethe läßt sich kein Schluß ziehen: der steht so hoch, daß er von sehr

weit auseinander gelegenen ästhetischen Standpunkten unter
demselben Gesichtswinkel der Bewunderung gesehen wird.
Wie ist solchem Proteus beizukommen? Es würde mir
ein leichtes sein, die Quintessenz seines Wesens klarzustellen,
dürfte ich ihm durch alle seine wechselnden dichterischen
Metamorphosen folgen. Das muß ich mir hier leider ver=
sagen: es darf mich hier nur der Novellist näher angehen.
Aber das Talent dieses Mannes hat eine so entschiedene
Prägung — cachet nennen es die Franzosen —, man unter=
scheidet seine Produktionen mühelos von denen anderer Ta=
lente; sie haben zwar alle unter sich die family likeness, die
der gute Pfarrer von Wakefield bei seinen sämtlichen Kin=
dern non sine gloria konstatierte; nicht im mindesten die
Allerweltsähnlichkeit — Gott sei Dank!
Also der Novellist Otto Ernst. Hier stock ich aber=
mals. Unter seinen bis jetzt herausgekommenen Werken
(sämtlich bei Konrad Kloß, Hamburg) befinden sich allerdings
zwei — nebenbei nicht eben starke — Bände, von ihm
Novellen und Skizzen genannt, mit den Separattiteln
„Aus verborgenen Tiefen" und „Kartäusergeschichten". Man
müßte also billig von dem „Novellenschatz" die Skizzen ab=
ziehen. Es blieben dann etwa sechs Piecen, unter denen
der Dichter Novellen verstanden haben wird, neben sieben,
für die er selbst eine andere Bezeichnung vorzog. Nun ist
Skizze ein vieldeutiger Begriff, und so läßt sich vielerlei
unter ihn subsumieren. Mit der Novelle steht es anders
und besser. Zwar schwankt auch ihre Definition in der
Ästhetik; aber man glaubt doch zu wissen, daß sie die Er=
zählung einer merkwürdigen Begebenheit sein soll. Das ist
sie denn auch bei den alten Meistern, denen sich noch unser
Kleist ruhmreich anreihte. Dann haben früher und später
große Künstler, wie Goethe, Tieck, Brentano, Storm, Keller,

Heyse — und wer wäre da nicht noch zu nennen! — das alte, etwas enge und trockene Schema erweitert und bereichert, bis das Gebilde schließlich eine frappante Ähnlichkeit mit den letzten Akten oder dem letzten Akte eines Dramas hatte, von denen oder dem es sich fast nur noch durch das Weg- bleiben der dialogischen Form unterschied.

Nun käme man in große Verlegenheit, wäre man ge- zwungen, die „Novellen" Otto Ernsts der einen oder der anderen Kategorie zu überweisen. Einige, wie „Anna Menzel", „Der Tod und das Mädchen", „Der Herr Fabrikant" schei- nen mehr in die erste, die man sonst auch wohl Erzählung nannte, zu gehören; andere wieder, wie „Die Kunstreise nach Hümpeldorf", „Der Kartäuser", „Überwunden" in die zweite aufgeschlossenere, reichere. Schließlich kommt man dahin, zu thun, was man gleich hätte thun sollen: sie als das zu nehmen, was sie sind: durchaus eigenartige dichte- rische Gebilde, bei denen vielleicht das Was, das Stoffliche, nicht immer von packendem Interesse ist, dafür aber desto mehr das Wie: wie der Dichter den Stoff behandelt hat. Oder, wenn das auf das Technische hinauszuwollen scheint (woran ich hier durchaus nicht denke): wieviel und was er von seinem Temperament — um mit Zola zu sprechen —, von seinem Gemüt, seinem Geist, seiner Weltanschauung — wie ich es ausdrücken möchte — in die Geschichte, die er uns erzählt, die Verhältnisse, mit denen er uns bekannt macht, hineingelegt hat. Hinein hat legen müssen, wäre richtiger, weil er nichts erzählen und schildern kann, ohne daß ihm das Herz dabei aufgeht oder zusammenkrampft; und er, was in dem Herzen jubiliert oder klagt, heraus sagen, singen, schmettern, stöhnen muß. Thackeray macht einmal die Bemerkung: wieviel köstliche Bücher es wohl geben würde, wenn die Verfasser, was ihnen während des Schreibens sonst durch

Herz und Hirn gegangen, am Rande notiert hätten. Nun, er hat von der Freiheit des Notierens am Rande reichlichen Gebrauch gemacht, und in der That sind diese (dann allerdings in den Text, so gut es ging, verwebten) subjektiven Parabasen nicht das am wenigsten Köstliche an seinen Romanen.

Ähnlich ist es bei Otto Ernst. Ein paar Beispiele für hunderte.

Ein armer geplagter Schullehrer korrigiert die Schülerhefte, in halb wahnsinniger Qual und Verzweiflung über das ewig wiederkehrende: tu aimes ton père ...

„Wie schmeichelnd strömt der Duft des Abends herein! Wie Kinder in der lauschigen Abenddämmerung, so spielen meine Gedanken unermüdlich im Zauber der dunkelnden Luft. Immer wieder ruf ich sie herein ins Haus — und immer wieder entrinnen sie mir, den Verlockungen des Abends gehorsamer als mir.“

Wir haben es hier allerdings mit Tagebuchaufzeichnungen zu thun, wo solche Exkurse (wenn man den Geist und das Herz dazu hat) wohl berechtigt sind. Aber sie kommen unserem Dichter auch in geschlossenen Erzählungen, wie in der „Reise nach Hümpeldorf“. Unter Hümpeldorf hat man sich ein beliebiges Dorf in der Nähe von Hamburg zu denken, und in diesem Augenblicke besteht die Reise darin, daß zwei Freunde (die Helden der Geschichte) dorthin (wo der eine von ihnen sein Liebchen wohnen hat) eine Wanderung machen, wobei der eine (der Verliebte) immer hundert Schritte voraus ist, der andere hinterdrein. „So hielten wir es auf Spaziergängen, und selbstverständlich wurde nicht gesprochen.“ Man kann Hamburgs Umgegend — von gewissen Partien der Flußufer abgesehen — nicht romantisch nennen: Äcker, Wiesen, holsteinische Heckenwege. „Nur hier und da am Wiesenrand oder fern am Horizont ein paar einsame, träu-

mende Bäume." Wohl! Und nun lese man die folgenden
Seiten, auf denen der Dichter die Gesichte schildert, die
dem hinter dem Freunde herschlendernden Freunde in dieser
reizlosen Umgebung kommen! Wie da jedes Bäumchen, jede
Hecke, jedes Rasenplätzchen, jeder Grabenlauf, jede Hügel=
welle Sprache gewinnt, Erinnerungen weckt, so lieb und traut,
so zart und duftig — wir wandern durch elyseische Gefilde,
bis uns des Freundes Zuruf aus unseren Träumen weckt.

Derselbe Dichter aber in seinen Armeleutegeschichten —
wenn es sich darum handelt, uns vor die pure, nackte Wirk=
lichkeit zu stellen — mit welcher nichts verlindernden, nichts
verkritzelnden Gewissenhaftigkeit waltet er seines traurigen
Amtes! Siehst du, mein Freund, aus so hohlen Augen
blickt das Elend! aus so frechen glotzt die Brutalität! Hörst
du? so winimert der Jammer! so wiehert die Gemeinheit!
Aus diesen Geschichten (deren Krone „Anna Menzel" sein
dürfte) ist der Humor verschwunden, die spielende Anmut
gewichen; die Phantasie scheint sich in ihnen zu grausamer
Wahrhaftigkeit versteinert zu haben. Zolas Doktrin feiert
ihre Triumphe.

Glücklicherweise ist Otto Ernsts Naturalismus kein lang=
weiliger Pedant, wie der des großen Meisters von Meudon.
Im Gegenteil! er ist, wo es nur geht, zu Konzessionen ge=
neigt; legt gern die strenge, magistrale Miene ab und läßt
uns in das Gesicht eines Schalks blicken, voll Witz, Laune
und übermütigen Possen trotz Yorik. So schon in den No=
vellen, wenn sich irgend der Raum dazu bietet; so noch viel
mehr in den Skizzen, die, weil ihre Themata eigens dazu
gewählt sind, dem Dichter volle Freiheit gewähren, seinen
Humor über Stock und Stein zu tummeln. Da geht es
denn freilich nicht gar zimpferlich zu. Le rire est un enfant
nu, sagt Balzac; und wer nackte Kinder nicht sehen mag,

bleibt besser von dem Schauspiel weg, das uns anderen eine
wahre Herzerquickung ist. Wie Hans von Bülow in „Hans
im Glücke" die „Eroika" dirigiert und mit dem Herrgott
konversiert, wird mancher frommen Seele Schauder erwecken;
freie Geister bewundern in der kleinen himmlischen Anekdote
ein Prachtstück jenes Humors, der vor nichts Respekt zu
haben scheint, während der Grundzug seines Wesens doch
tiefste Ehrfurcht vor dem Hohen und Heiligen ist.

Des ist die freudige Rührung Zeuge, mit welcher der
sinnige Leser den zuletzt erschienenen Novellenband der Frau
aus der Hand legt, die zweifellos die größte ist unter den
lebenden deutschen Dichterinnen, und mit der man unter den
dahingeschiedenen nur Annette von Droste in einem Atem
nennen darf. Und mir steht Marie von Ebner=Eschen=
bach sogar noch höher als das geniale westfälische Freifräu=
lein: mir deucht, bei ebenbürtiger poetischer Gestaltungskraft,
ist ihr geistiger Horizont weiter, ihre Welt= und Menschen=
kenntnis umfassender und tiefer, ihr Herz reicher, ihr Humor
süßer, ihr Witz leichter beschwingt. Von den beiden Er=
zählungen, die der Band enthält: Rittmeister Brand und
Bertram Vogelweid, zeigt jede neben den anderen be=
sonders jene letzteren unschätzbaren Vorzüge in gleich reichem
Maße. In beiden sind die Helden für die sogenannten ver=
nünftigen Leute Narren: der Rittmeister mehr im Stile Don
Quichottes, dem ritterliches Denken, Fühlen und Handeln,
es koste nun, was es will, selbstverständlich ist; Bertram
Vogel, genannt Vogelweid, der Feuilletonist, in dem Genre
des köstlichen Mr. Bramble in Smollets Humphry Clinker,
der die dear sensibility seines überweichen Herzens, um sie
vor Schädigung zu bewahren, in das Stachelgewand der
Satire und des kaustischen Witzes hüllt. Es gehört der
Mut eines starken Herzens dazu, Gestalten wie diese auf

der novellistischen Bühne von heute auftreten zu lassen vor einem Parterre, das für idealistischen Schwung nur ein skeptisches Lächeln hat; die Handlungen, die aus solcher Denkungsart fließen, mit dem Maßstab seiner nüchternen Alltagsweisheit mißt und sie dann selbstverständlich mindestens höchst extravagant und, bei Licht besehen, äußerst unwahrscheinlich, ja völlig unmöglich findet. Unmöglich! Was ist diesen klugen, respektablen Leuten nicht alles so! Ich weiß ein Lied davon zu singen. Wie oft habe ich nicht zu hören bekommen: „Alles ganz schön und gut, Verehrtester; aber dergleichen giebt es ja nicht! das kommt ja nicht vor! Ein Gefängnisdirektor, der seine Sträflinge herausführt, eine Wassersgefahr, die der Stadt droht, zu bekämpfen! Der Mann gehört ins Irrenhaus!" Und es ist noch kein Jahr vergangen, da melden die Zeitungen aus Schlesien nicht einen ähnlichen, nein! den völlig identischen Fall, nur daß der Held der Wirklichkeit seine Schar in ihre Mauern zurückgeleitet, der des Romans aus dem Kampfe mit dem Element als toter Sieger von ihr heimgetragen wird. Das alte Wort: truth is stranger than fiction, sie wollen es ja nicht glauben, die Neunmalweisen! Und da bewundere ich die Meisterschaft unserer Dichterin, die sich als Eideshelfer der Wahrhaftigkeit ihrer Gebilde den Humor herbeiruft, der mit scheinbarer Mitleidlosigkeit und völliger Unpietät seine Lichter über sie hinspielen läßt, daß alle Schroffen, Ecken und Kanten haarscharf hervortreten, und der Philister sagt: Verrückt ist der Kerl freilich; aber lachen muß man über ihn doch! — Was hat der nicht alles gewonnen, der den Philister zum Lachen bringt! und ihm, der sich über die dumme Welt so erhaben fühlt, gerade in diesem Augenblick des selbstgefälligen Triumphes die Ahnung wenigstens wirklicher Erhabenheit in die nüchterne Seele schmuggelt!

Und ein zweiter Beweis der künstlerischen Vollreife der bewunderungswürdigen Frau.

Goethe sagt gelegentlich: der Humor verdirbt zuletzt alle Kunst. Das hat seine volle Geltung, wenn man den Accent auf „zuletzt" legt; will sagen, wie Sterne in Tristam Shandy, den Humor fessellos schalten läßt, worüber dann freilich das Kunstwerk in Stücke geht. Unsere Dichterin ist so klug, wie sie weise ist. Sie sagt zu dem übermütigen Gesellen: bis hierher und nicht weiter! nicht einen Schritt! Innerhalb meiner künstlerischen Kreise darfst du dich tummeln, wie du magst; stören darfst du sie mir nicht! So sind denn die beiden Erzählungen, wie frei und ungeniert auch der Humor in ihnen rumort, wirkliche Novellen, dichterische Darstellung einer merkwürdigen Begebenheit, in welcher alles Handlung ist, die ohne Unterbrechung fortschreitet, den Personen Gelegenheit gebend, in den Konflikten, in welche sie geraten, ihr Innerstes herauszukehren.

Das ist viel; höher steht mir ein anderes.

Je älter ich werde, um so wertvoller wird mir bei der Betrachtung eines Kunstwerks der Blick, den es mich in die Seele seines Schöpfers, in sein tempérament thun läßt. Ich übersetze aber den französischen Ausdruck nicht mit „Temperament" — was nach meiner Ansicht einen ganz schiefen Sinn giebt — sondern etwa mit Gemütsverfassung, in der ja allerdings, was wir gemeiniglich unter Temperament verstehen, ein immerhin wichtiger Faktor ist. Durch diese Gemütsverfassung — das Resultat und der Niederschlag seiner durch natürliche Veranlagung, Erfahrungen, Erlebnisse, Nachdenken, Studien formierten Weltanschauung — muß der Dichter, der Künstler jedes Objekt sehen, das er zur Darstellung bringt. Und sie ist es im letzten Grunde, was über das Interesse, welches wir an dem Dichter nehmen, über den Grab des Wohlwollens oder der Abneigung entscheidet, mit dem wir uns zu ihm hingezogen, von ihm abgestoßen fühlen. Das Subjekt trägt über das Objekt, der Darsteller über das Dargestellte, das Wie über das Was den Sieg davon; ist uns das Wichtigere, Merkwürdigere in dem Dichterphänomen. Die Erinnerung an das Werk kann und wird im Laufe der Zeit bei uns verblassen; das Bild, das wir uns aus ihm und seinen Geschwistern von dem Urheber gemacht haben, bleibt; ja wird sich nur noch immer mehr vertiefen. Du hast die Einzelheiten von „Rittmeister Brand", „Bertram Vogelweid", vom „Gemeindekind", „Lotti" u. s. w. vergessen, so gut wie vergessen. Sobald der Name Marie von Ebner genannt wird, umweht es dich wie Blumenduft aus einem Sommergarten; atmest du in einer Atmosphäre, in der es unerlaubt ist, ein häßliches Wort über die Lippen zu bringen, einer unlautern Empfindung nachzuhängen.

Ein Gewinn, mit dem kein anderer zu vergleichen ist. Die Bewunderung hoher Menschen erhöht uns selbst; in den Momenten inniger Verehrung einer wahrhaft schönen Seele streifen wir von uns ab, was uns ja sonst leider alle bändigt.

VI.

Ein paar Blicke in die amerikanische Romanlitteratur.

Finden so im fernsten Lande
Gleiche Lust und gleiche Qual;
Spüren unsichtbare Bande;
Nennen's international.

I.

Vielleicht ist niemand besser im stande, eine Gesellschaft in intellektueller, moralischer und ästhetischer Hinsicht richtig zu taxieren, als ein Individuum von Geist und Bildung, das in und mit dieser Gesellschaft ausreichend verkehrt, ohne doch aus ihr hervorgegangen und ihr integrierendes Mitglied zu sein. Goethes Sentenz in Ottiliens Tagebuch: „Die größten Vorteile im Leben überhaupt wie in der Gesellschaft hat ein gebildeter Soldat" konnte nicht wohl von einem Mitgliede des Standes, sie mußte von einem Civilisten ausgehen, wie umgekehrt gerade der „gebildete Soldat" den Civilisten um so manches, was dieser vor ihm in der größeren Freiheit der Bewegung und sonst voraus hat, beneiden dürfte.

Etwas Ähnliches, oder auch dasselbe findet statt, wenn es sich um die Wertschätzung von Nationen handelt. Auch hier springt die günstigere Position des Ausländers gegenüber dem Einheimischen in die Augen. Dieser, der sich stets nur nach dem eigenen Maße mißt, wird sich bald zu klein, bald zu groß schätzen; jener, dem sich für alles und jedes an der eigenen Nation ein Vergleichungspunkt bietet,

viel sicherer das richtige Maß zu finden wissen. Immer
die Voraussetzung festgehalten, daß der Beurteiler ein den=
kender Kopf ist, Augen und Ohren zum Sehen und Hören
und — nicht zum letzten — ausgiebige Gelegenheit hat,
umfassende und eingehende Beobachtungen anzustellen.

In dieser günstigen Lage, wenn es amerikanisches Wesen
zu taxieren gilt, befand sich Hjalmar H. Boyesen*).
Norweger von Geburt, hatte er, bevor er Amerika zum
erstenmal sah, bis zum einundzwanzigsten Lebensjahre Zeit
genug gehabt, in Haus, Schule und Universität seine Heimat
kennen, schätzen und lieben zu lernen. Dann, ursprünglich
auf Wunsch und Antrieb des Vaters, eines begeisterten
Verehrers der großen Republik jenseits des Oceans, vor=
läufig zu einem kürzeren Besuch hinübergegangen, hatte er
schließlich so lange drüben gelebt, daß ihm, als er vor ein
paar Jahren auf einer Erholungsreise nach dem Geburtslande
bei seinem alten Freunde Björnson zu Gast war, es ihm
schwer fiel, sich in seiner Muttersprache geläufig auszudrücken.
Freilich, wenn man dreiundzwanzig Jahre lang — ein
Menschenalter fast — nur die einst fremde Sprache ge=
sprochen und geschrieben hat! Dazwischen allerdings auch
deutsch, noch dazu ex officio. Denn Boyesen bekleidete seit
länger als einem Decennium die Professur der deutschen
Litteratur, erst an der Cornell Universität, dann am Columbia=
College, nachdem er, sich zu diesem Amte vorzubereiten,
über Jahr und Tag in Deutschland verweilt und unter
Zarnckes Leitung in Leipzig eifrig studiert hatte.

*) Im Spätherbste 1895 raffte den Trefflichen in der Vollkraft seiner
Jahre und seines Schaffens ein Gehirnschlag hinweg zum Schmerz seiner
zahlreichen persönlichen Freunde, zu denen zu gehören ich mich rühmen
durfte; zum Kummer seines wirklichen und seines Adoptiv=Vaterlandes, die
beide gleiche Ursache hatten, auf den sinnigen Gelehrten, den reichbegabten
erfolgreichen Novellisten und Lyriker stolz zu sein.   A. d. V.

Aber zur Hauptsprache ward ihm doch die englische, und mußte es werden für jemand, der von dem brennenden Ehrgeiz erfaßt war, sich unter die amerikanischen Schrift= steller einzureihen, und sein Ziel erreichte, vier Jahre, nach= dem sein Fuß amerikanischen Boden betreten: 1873 mit seinem ersten Roman „Gunnar", welchen das „Atlantic Monthly" brachte — damals hinsichtlich der Autorität und des Wertes in litterarischen Dingen das vornehmste unter allen seinen Konkurrenten. Ein merkwürdiger Fall sprach= lichen Aneignungsvermögens, der in der Litteraturgeschichte wenige seinesgleichen haben dürfte!

Seit jenem erstaunlichen Siege des Genies und Fleißes rangierte Bonesen unbestritten unter den Schriftstellern der United States, und wenn man die besten Namen nannte, ward der seine schwerlich jemals ausgelassen. Nimmt man dazu, daß er mit einer Amerikanerin verheiratet und Vater von vier heranwachsenden Söhnen war, die sicher auf ihr amerikanisches Autochthonentum stolz sind; daß der vielbe= schäftigte Mann noch immer, wenn es sein mußte, Zeit und Kraft hatte, sich in eine Wahlschlacht zu stürzen — zu der er sich nicht erst die Parole von seinen deutschen Freunden Carl Schurz und Oswald Ottendorfer, dem Verleger der „Newyorker Staats=Zeitung", zu holen brauchte — wer könnte an der vollständigen Metamorphose dieses Nordlands= sohnes in einen regelrechten Yankee zweifeln?

Nur, wer das alte „Naturam expellas" nicht für eine Phrase hält und bedenkt, daß die Eindrücke, die Gemüt und Geist in den Jahren der für alles empfänglichen Jugend empfangen, mit der Macht der Natur wirken und kein noch so langer späterer Aufenthalt in einem Adoptivlande sie gänzlich verwischen kann, so wenig, wie er den Typus der Rasse in seinen körperlichen und geistigen Vorzügen und

Gebrechen völlig zu wandeln vermag. Wäre das der Fall,
so hätte Boyesen, der Romancier, vor seinen amerikanischen
Brüdern in Apoll nicht das voraus gehabt, was ihn uns
ebenso merkwürdig und wert macht: die bei aller Liebe für
das Amerikanertum konservierte Unbefangenheit und Objek=
tivität des Urteils dem amerikanischen Wesen gegenüber.

Und gerade deshalb möchte ich das Studium seiner
Werke allen empfehlen, denen es um eine wirkliche Einsicht
in dieses Wesen zu thun ist; insonderheit den vielen, die
das Verlangen empfinden, die fragmentarischen und ober-
flächlichen Beobachtungen, wie man sie während eines viel=
leicht — man möchte sagen: immer zu kurzen Aufenthaltes
drüben machen kann, zu vervollständigen und zu vertiefen.

Boyesen ist in seiner novellistischen Laufbahn in einer
Weise vorgegangen, die seiner Bescheidenheit und Klugheit
zu gleicher Ehre gereicht. Nachdem er sich, wie wir sahen,
mit fast unglaublicher Schnelligkeit des Organs der fremden
Sprache bemächtigt, widerstand er der Versuchung, der
mancher andere erlegen wäre, die neue Kunst und Kraft
nun auch sofort an amerikanischen Stoffen zu erproben.
Er sagte sich, daß er dabei zweifellos den eingeborenen
Dichtern gegenüber den Kürzeren ziehen müsse, und wählte
sich für seine ersten novellistischen Versuche ein Feld, wohin
wiederum jene ihm nicht folgen konnten, und das ihm doch
eine poetische Ernte versprach, die man ihm in der neuen
Heimat gern abnehmen würde. Dies Feld war seine alte
Heimat, sein Norwegen, in das er sich von seinen Jugend=
erinnerungen zurücktragen ließ, um aus ihnen heraus eben
jenen Roman zu schaffen, der ihm die Thür zum editorial
room des „Atlantic Monthly" und mit ihr die Pforten der
amerikanischen Litteratur öffnete. Und da er doch nun ein=
mal Deutschland kannte und amerikanische Ohren gern von

der merkwürdigen Heimat alter Schlösser hören, deren Ruinen sich in den Fluten des Rheines spiegeln, weshalb nicht in „Des Normanns Pilgerfahrt" einen Abstecher dahin machen? Und nun einen Schritt weiter die „Tales from two Hemispheres" und eine lange Reihe anderer Geschichten schon auf amerikanischem Boden spielen, aber eingewanderte Nordländer beiderlei Geschlechts die Helden und Heldinnen sein lassen? Was er da schildert, er, der eingewanderte Nordländer, hatte es ja an seinem eigenen Fleisch und Blut erlebt, oder an dem seiner Landsleute miterlebt: namenloses Staunen über die fremde Welt; unsicheres Tasten nach einem Pfad, der in diese Wildnis führt; langsames Vorwärtskommen; kühnste Hoffnungen übergipfelnde Erfolge; lähmende, erschreckende, zur Verzweiflung und in den Tod treibende Enttäuschungen. Wahrlich ein reiches, dankbares Thema, das dann der Dichter auch auf das beste zu verwerten verstanden hat, ja, an dem er erst so recht eigentlich zum Dichter geworden ist. Unsere eigene Litteratur, so reich an trefflichen Novellen, dürfte wenige aufweisen, die sich mit „The Man who lost his name" an herzgewinnender Innigkeit und rührendem Pathos messen können*).

Nun war der kühne Pionier weit genug in das Neuland vorgedrungen, hatte es nach allen Richtungen durchstreift, — es war ihm keine Wildnis mehr. Scheffelweise hatte er bereits Salz mit den Einheimischen gegessen, sie in ihrem Thun und Treiben bis in die intimsten Details wohl beobachtet, ihr Thun und Treiben, wie es sich für einen braven Adoptivsohn schickt, jahre- und jahrelang redlich mitgemacht — er durfte es wagen. Durfte wagen, in Rom wie ein Römer

---

*) Deutsch von mir unter dem Titel: „Einer, der seinen Namen verlor", in Engelhorns Romanbibliothek. I. Jahrgang, Band 23.

zu sprechen in der Sprache, die ihm schon längst so geläufig war, daß er bereits über sie die Muttersprache zu vergessen anfing.

Es folgte seine letzte Periode: die seiner specifisch amerikanischen Romane.

Eine längere Reihe, von der ich nur über den einen etwas ausführlicher berichten will: „The Mammon of Unrighteousness", der mir als das bedeutendere Werk erscheint und vielleicht gerade seines größeren Gewichtes wegen sich schwerer Freunde erwerben dürfte, als etwa „The Daughter of the Philistines" oder „Social Struggels", die weniger tiefgründig und auch in einem leichteren Stil geschrieben sind.

„Der ungerechte Mammon" — ein Titel, nebenbei so dunkel wie das Gleichnis im 16. Kapitel des Evangeliums Lucä von dem ungerechten Haushalter, der nachträglich für seine Durchstechereien von dem reichen Herrn höchlichst belobt wird. Ich vermute, es steckt ein gut Teil Ironie in dem rätselhaften Titel, und der Dichter will sagen, daß seine lieben Landsleute (er durfte sie jetzt so nennen) Vers 9 nur bis: „Macht euch Freunde mit dem ungerechten Mammon" lesen und das Folgende „auf daß, wenn ihr nun darbet, sie euch aufnehmen in die ewigen Hütten" als eine cura posterior ansehen, über die man sich vorläufig den Kopf nicht zu zerbrechen braucht.

Hat er es wirklich sagen wollen?

Die Antwort auf die Frage muß der Roman selbst geben, in dessen Vorrede der Autor versichert: „Mein einziges Bestreben in diesem Buche war, Personen und Verhältnisse zu schildern, die völlig und typisch amerikanisch sind. Ich habe alle romantischen Traditionen mißachtet und mich einfach bei jeder Vorkommenheit gefragt, nicht, ob sie amüsant sei, sondern ob sie der Logik der Wirklichkeit ent-

spreche — in Farbe und Ton entspreche dem amerikanischen
Himmel, dem amerikanischen Boden, dem amerikanischen
Charakter." Sollte sich nun herausstellen, daß seine nach
der Natur gezeichneten Personen mit gänzlicher Hintansetzung
der frommen Nutzanwendung des weltlichen Gebotes sich
nur an dieses halten, so wäre freilich die Ironie offenbar.
Und es stellt sich heraus als eine Regel, welche in ihrer
Kraft und Ständigkeit durch die wenigen Ausnahmen nur
bestätigt wird. Schleppen doch sogar diese wenigen Aus=
nahmen die Kette der Regel am Fuße hinter sich her! Da
ist der alte Obed Larkin, vielleicht der originellste, am
meisten typisch amerikanische Charakter des Romans. Er
hat es aus ärmlichen Verhältnissen heraus durch eminenten,
skrupellosen Geschäftssinn zu ungemessenem Reichtum gebracht
und bei dem Landstädtchen, in welchem er residiert, ganz
aus eigenen Mitteln eine vielbesuchte, mit allen wissenschaft=
lichen Notwendigkeiten reich ausgestattete Universität gegründet.
Dabei ist er für sein Teil ein völlig ungebildeter Mensch
geblieben, der seine Muttersprache weder richtig spricht noch
schreibt; ohne höhere geistige Bedürfnisse, ohne eine Spur
von Verständnis für das, was da auf seiner eigenen Uni=
versität getrieben wird; voll Verachtung gegen die Professoren,
die er wie Schuljungen behandelt. Und warum er nun
Millionen für das Institut ausgegeben hat und auszugeben
fortfährt? Aus Ruhmsucht? Eitelkeit? Man sollte es
meinen, und doch trifft es die Sache nicht ganz. Er hat
das wenige, was er weiß, sich in saurer Arbeit selbst zu=
sammensuchen müssen, furchtbar unter seiner Unwissenheit
gelitten, wohl begriffen, daß Wissen Macht ist. Nun sollen
andere es leichter und besser haben, ein Wunsch, in den
der patriotische Gedanke hineinspielt, es werde so durch die
Ausbreitung des Wissens der Glanz und Ruhm des Vater=

landes erhöht werden. Hier scheinen in einer Menschenseele
die unglaublichsten Widersprüche vereinigt und die doch durch
die Dichterkunst glaublich werden. Ich kann das nicht ins
einzelne verfolgen; man muß es eben lesen.
Wo man denn auch das folgende Kuriosum kopfschüttelnd
hinnehmen wird.

Dieser prosaischte der Menschen hat sich in seiner Jugend
leidenschaftlich in eine schöne, extravagante, sittenlose Person
verliebt, die es dann so arg treibt, daß er sie verstoßen
muß. Aus der unglückseligen Ehe ist ihm ein Kind erblüht:
seine Tochter Gertrud, ein sich herrlich entwickelndes Mädchen,
das einzige Wesen auf Erden, für das in dem erkalteten
Herzen des Sonderlings noch eine warme Stelle reserviert
bleibt. Als Gertrud sich aber einfallen läßt, seinem Ver=
bote zu trotzen und zu dem schlimmen Weibe, von dem sie
erst jetzt erfahren hat, daß es ihre Mutter sei, nach Newyork
eilt, verbietet er ihr die Wiederkehr in sein Haus; betrachtet
sie als eine, die für ihn tot ist, gleichviel, ob die Unerfahrene
in dem Babel am Hudson kläglich zu Grunde geht, oder
nicht. Und es ist nicht sein Verdienst, wenn sie gerettet
wird, sondern das ihres Vetters Aleck, der sie liebt und
heiratet und mit ihr eine Ehe führt, welche im Vergleich zu
der seines Bruders Horace mit der schönen Kate eine ideale
zu nennen ist.

Die Schilderung dieser beiden Ehen nimmt die zweite
Hälfte des Romans ein. Die erste Hälfte spielt in Torrville,
jenem Landstädtchen, das der alte Obed zu einer Universitäts=
stadt gemacht hat. Die Brüder sind Advokaten und Kom=
pagnons, aber sehr ungleicher Natur: der ältere, Horace, ein
willensstarker, rücksichtsloser Streber; der jüngere ein weicher,
uneigennütziger, sich in phantastischen Illusionen wiegender
Träumer. Er hat sich, angewidert durch den Mammonismus,

der in Tornville zu Hause ist, nach der Metropole gewandt
und fristet dort als Zeitungsreporter, dann als Hilfslehrer
an einem Erziehungsinstitut ein nach amerikanischen Begriffen
kümmerliches Leben, das nun seine geliebte Gertrud wohl
oder übel zu teilen gezwungen ist. Mehr übel, als wohl.
Sie kann nicht vergessen, daß sie als reiche Erbin geboren
wurde, und quält den armen Aleck, trotzdem sie ihn liebt,
mit ihren vornehmen Capricen und aristokratischen Belleitäten
bis aufs Blut. Sie möchte den Gatten, der sich in denselben Aspirationen wiegt, als großen Dichter sehen, im
Grunde nur, weil sie dann von den selbstverständlich enormen
Erträgnissen seiner Bücher als Herrin einer fashionablen Villa
in einem fashionablen Vororte der Hauptstadt ein fashionables
Leben führen und es ihrer reichen Schwägerin einigermaßen
gleichthun könnte.

Einigermaßen, denn das Vermögen des alten van Schaak
aus einer der ältesten Knickerbockerfamilien, des Vaters von
Kate, Horaces Gattin, ist unermeßlich. Niemand weiß das
besser als Kate selbst, das Musterbild einer feinen amerikanischen Lady. „Miß van Schaak war eine hochgewachsene,
schlanke Brünette mit schönen, regelmäßigen Zügen. Alles
an ihr war klar, deutlich, scharf begrenzt. Ihre Lippen
hatten feste, reinliche Rundungen; jede Linie, jeder Zug
ihres Gesichts war von der höchsten Feinheit und deutete
auf Jahrhunderte von Civilisation zurück. Dabei war sie
so herausfordernd sauber, daß die Sauberkeit bei andern
von einer geringeren Qualität erschien.“

Daß die geistigen und moralischen Qualitäten dieser
exemplarischen jungen Dame ihrem Äußeren entsprechen
werden, läßt sich voraussetzen. „Sie konnte augenscheinlich
alles sein, was ihr zu sein beliebte; konnte bezaubern oder
abstoßen mit demselben Vorbedacht und beliebte das letztere

ebenso oft zu thun als das erstere. Sie fühlte sich in der
Lage einer Souveränin, um deren Gunst sich Tausende ver=
geblich bewerben, und sie war nicht gesonnen, von ihren
Gunstbezeigungen einen verschwenderischen Gebrauch zu
machen."

Horace, ihr Gatte, ist natürlich der nächste dazu, das
alles auf seine Kosten zu erfahren. Er hat, um die reiche
Erbin heiraten zu können, in Tonyville die Tochter des
Geistlichen, die ihn liebt und mit der er versprochen war,
sitzen lassen. Die Strafe für seinen Verrat läßt nicht auf
sich warten. In den Augen der hochmütigen Aristokratin
bleibt er, trotz seiner geschäftlichen Schneidigkeit, politischen
Finesse und parlamentarischen Begabung, der Plebejer, der
sich einfach ihren Launen zu fügen, nach ihrer Pfeife zu
tanzen hat. Wie der Starke sich allmählich unter das Joch
der noch Stärkeren beugen lernt, der Mammonsdiener in
der Gattin die Oberpriesterin seines Gottes anerkennen und
sich vor ihr demütigen muß — das wird uns mit einer
Kunst vorgeführt, die unsere volle Bewunderung heraus=
fordert. Für den Beteiligten ungemein beschämend und für
den Leser ebenso ergötzlich ist die kleine Episode, mit der
dieser eheliche Feldzug und zugleich der Roman schließt.
Horace bekommt eines Tages ein Schreiben aus dem Kabinett
des Präsidenten mit der Anfrage, ob er den Posten eines
Botschafters am Petersburger Hofe annehmen würde. Eigent=
lich steht sein Ehrgeiz nach einer anderen Richtung — es
ist dies eine Ausbiegung aus dem Wege zum Präsidenten=
stuhl, den er ambitioniert. Andrerseits ist die Ehre wieder
so groß, und er weiß, daß es Kate Freude machen wird,
wenn er acceptiert. Auf jeden Fall sieht er in dem Au=
trage nur eine Auszeichnung, die dem einflußreichen Senator
gebührt, und durch die man sich seinen Beistand sichern will.

12*

Nun bei dem Abschiedsdiner, das Vater van Schaak dem
jungen Paare giebt, das morgen nach St. Petersburg ab=
dampfen wird, ergeht sich Horaces Tischnachbarin in aller=
hand malitiösen Sticheleien und Anspielungen, die darauf
hinauslaufen, daß es sich mit der Ernennung doch wohl
anders verhalten möge, als Horace annehme, bis denn dieser
unmutig ruft:

„Ich bitte Sie, sagen Sie mir ohne Rückhalt: hat irgend
jemand, soviel Ihnen bekannt, diesen Posten für mich ge=
fordert?"

„Ich weiß nicht," antwortet sie.

„Was denn meinen Sie mit Ihren Insinuationen?"

„Ich meinte dies, daß Mr. van Schaak 20000 Dollars
von Kates und 25000 von seinem eigenen Gelde an den
republikanischen Wahlfond zahlte, damit man Ihnen diese
Stelle gebe."

Der Autor hat in der Einleitung versichert, daß in dem
Roman nichts vorkomme, das nicht nach der Natur gezeichnet
wäre. So müssen wir ihm denn auch die volle Verant=
wortung für einen Zug, wie den obigen, überlassen, der in
unsern Augen einen bösen, allerdings für uns nicht mehr
überraschenden Makel des amerikanischen Charakters illustriert.

Wie denn auch sonst in dem Buche gar manches zur
Sprache kommt, was für das Amerikanertum nichts weniger
als schmeichelhaft ist, so wenig, daß es eben nur ein Ameri=
kaner sagen darf.

Und doch vielleicht nur einer sagen, es wenigstens so
sagen konnte: mit dieser Unbefangenheit und zugleich tiefen
Einsicht in den Kern der zur Sprache gebrachten Sache, der
kein geborener Amerikaner war, sondern seine normännische
Geradheit und Ehrlichkeit mit übers Meer gebracht und drüben
so rein bewahrt hatte wie das Gletschereis seiner heimischen Berge.

Die amerikanische schöne Litteratur verdient, nachdem sie sich — es ist noch nicht eben lange her — von dem übermächtigen Einfluß der ausländischen Litteraturen — besonders der englischen — frei gemacht und ein völlig selbständiges Gepräge angenommen hat, von uns genauer studiert zu werden. Als Vermittler zwischen unserer und der amerikanischen Denkweise könnte ich niemand wärmer empfehlen als unsern amerikanisierten Stammesverwandten Hjalmar Hjorth Boyesen.

II.

„In jedem Monat lassen unsere Verleger einen Schauer von einheimischen Romanen und Novellen auf den Markt herniederregnen. Eine große Zahl dieser Bücher ist von jungen Damen der gebildeten Kreise verfaßt und meist gesund im Ton und treffend in der Zeichnung der Charaktere. Die Lektüre ist angenehm, anregend und unterhaltend; der Humor (der eine allgemeine Gabe der amerikanischen jungen Damenwelt zu sein scheint) gefällig und fein; man gelangt naturgemäß zu der Erwartung, daß eine Schriftstellerin, die im stande ist, so zu debütieren, eine bedeutende Zukunft vor sich haben werde. Dennoch ist dies eher die Ausnahme als die Regel. In den weitaus meisten Fällen lassen die frühreifen und begabten jungen Damen nie wieder etwas von sich hören, oder ihrem ersten ruhmreichen Buche eine zweite Veröffentlichung folgen, die gleichbedeutend mit einer Niederlage ist, um dann vom Schauplatz der Öffentlichkeit in die Stille des häuslichen Lebens zurückzusinken.“

Es war Hjalmar Boyesen, der in einem seiner kritischen Essays diese Bemerkung machte. Sie ist ursprünglich nur auf die amerikanische Romanlitteratur, soweit sie aus weib-

lichen Federn stammt, gemünzt, könnte aber, wie sie dasteht,
auch zur Kennzeichnung der analogen Zustände bei uns zu
Lande dienen. Das weiß keiner besser, als wer in der
Lage ist, jahraus, jahrein in kurzen Zwischenräumen mit
Manuskripten aus zarten Frauenhänden beehrt zu werden,
unweigerlich begleitet von der Bitte, der Verfasserin auf
Pflicht und Gewissen sagen zu wollen, ob sie es wagen
dürfe, mit diesem ihrem Erstlingswerk vor das Publikum
zu treten. Man ist erstaunt über die Fülle von Geist,
Gemüt, scharfer Beobachtung des Lebens, ja, auch technischer
Gewandtheit, die man hier vereinigt findet; man darf aus
Herzensgrunde loben; man thut es. Die Arbeit — Roman
oder Novelle — wird gedruckt, und — es ist wieder einmal einer von den „weitaus meisten Fällen", deren Signatur
unser amerikanischer Freund oben gegeben hat.
Dabei ist nichts zu verwundern. Man darf wohl ohne
Übertreibung sagen, daß jedes dem Jugendalter entwachsene
Individuum der wohlsituierten, in einer von Bildungs-
elementen aller Art durchtränkten Atmosphäre heimischen
Minorität mit seiner Weltanschauung bis auf weiteres fertig
ist, oder doch zu sein glaubt und nebenbei seinen kleineren
oder größeren Roman erlebt hat. Besonders gilt es für
das mit schärferer Beobachtungsgabe ausgestattete und um
soviel früher reife Geschlecht. Noch Neophyten, gehören
diese jungen Damen doch in ihrer Weise schon zu den
Wissenden; und, sagt Cicero, „alle sind in dem, was sie
wissen, hinreichend beredt". Die Beredsamkeit dieses Wissens
ist es, welche aus ihren Erstlingsarbeiten spricht, die, wenn
sie auch den Schein der objektiven Form anstreben, fast
ausnahmslos Ich-Novellen und -Romane sind; die Verfasserin selbst zur Heldin haben und jene in ihrem jungen
Leben epochemachende Herzensgeschichte erzählen, in der

dann freilich niemand so gut Bescheid wissen kann als sie
selbst.

Nun wäre es bitteres Unrecht, zu schließen, daß, falls
dem soviel versprechenden Erstlingswerke kein zweites gleich-
wertiges, oder überhaupt keines mehr folgt, der Quell des
Talents, aus dem es floß, ein für allemal erschöpft sei,
die Begabung nur eben zu dieser Äußerung und zu keiner
sonst gelangt habe. Die Kraft ist vielleicht durchaus nicht
aufgebraucht, aber sie findet keine Förderung, stößt dagegen
überall auf Hindernisse, die höchstens von einem ganz außer-
ordentlichen Genie, wie es in der männlichen Sphäre gerade
so selten ist, wie in der weiblichen, überwunden werden
könnten. Da ist der Mangel an freier Bewegung; mit ihm
die Schwierigkeit, das Beobachtungsfeld zu erweitern; die
Unmöglichkeit, in gewisse Regionen einzudringen, ohne deren
Erforschung die Kenntnis des Lebens und der Gesellschaft
immer eine fragmentarische bleibt. Da ist endlich — und
dieser Fall gehört weder zu den seltenen, noch den wenigst
wünschenswerten — die Ehe, welche oft die dichterische Kraft
des Mannes beflügelt, und die der Frau fast unweigerlich
lahm legt, ihr wenigstens nahezu die Möglichkeit raubt, ihre
nunmehrigen Erfahrungen in reinen Kunstgebilden auszu-
prägen. Daß die Kraft nicht erloschen ist, — die Kinder,
der Gatte, die Freunde, die Gesellschaft ahnen, spüren, empfinden, wissen es. Wie arm wären sie alle ohne die
Phantasie, die Anmut, den Witz, den bon sens der Frau,
welche, anstatt mit den gesammelten Schätzen ihres Geistes,
ihrer Erfahrung vor der Menge zu prunken, sie mit groß-
herziger Uneigennützigkeit in aller Stille an die gerade Be-
dürftigen verteilt, ohne ihre linke Hand wissen zu lassen,
was die rechte thut!

Und, um der Männerwelt, vielleicht auch sich selbst zu

beweisen, was sie könnten, wenn sie dürften, und können, wenn sie wollen, delegieren diese begabten Frauen dann von Zeit zu Zeit eine der Ihren, mit den Männern um den höchsten Preis zu ringen und oft genug, wie der biedere Götz von Bruder Martin sagt, „viel Ritter zu beschämen".

Die amerikanische Litteratur hat sowohl auf dem epischen, als besonders auch auf dem lyrischen Gebiete nicht wenige solcher preiswerten Siegerinnen zu verzeichnen. Zu ihnen gehört als eine ihrer ersten jetzt lebenden Roman= und Novellendichterinnen Julien Gordon.

Selbstverständlich ein nom de plume. Der wirkliche Name der Dame ist Mrs. Julie Van Rensselaer Cruger, wie alle Welt weiß, soweit sie amerikanische Journale, in= sonderheit der Metropolen des Ostens liest. Denn in ihnen ist „Mrs. Julie Cruger" ein ständiger Artikel. Und nach amerikanischer Gepflogenheit nicht nur in ihrer litterarischen Qualität und Wertschätzung. Die kommen erst in zweiter Linie. Weitaus in erster steht die schöne, einer der vor= nehmsten Familien entsprossene, mit Glücksgütern aller Art reich gesegnete Dame. Und gewiß, wenn die Ausstattung ihres Hauses in Newyork und ihrer Villa in einem der fashionabelsten Vororte nur halb so prächtig, gediegen und geschmackvoll ist, wie die Reporter sie mit obligater Aus= führlichkeit schildern, so kann man nur von ganzem Herzen einen Strahl des irdischen Glanzes, der die amerikanische Dichterin umgiebt, ihren deutschen Schwestern in Apollo wünschen.

Ein Gewicht auf dergleichen Äußerlichkeiten zu legen, erscheint uns banausisch, ja, ein wenig läppisch. Wohl nicht ganz mit Recht. Es ist eben nicht gleichgültig, in welchem Milieu sich der Dichter bewegt: ob in breiten oder engen Verhältnissen, ob in den oberen, mittleren, unteren Schichten

der Gesellschaft. Was wäre aus Goethe geworden, hätte
er sich durchzukämpfen gehabt, wie Schiller? was aus
Schiller, wäre ihm der Lebensweg geebnet gewesen, wie
Goethe? Darüber zu grübeln mag müßig sein; verkennen
wir deshalb den mächtigen Einfluß, welchen die Konstellation
der Glücksgestirne, unter der sie geboren waren, auf die
Entwickelung unserer beiden Dichterheroen hatte?

Und so ist auch der Umstand, daß sie sich von Kindheit
auf im Schoße des Reichtums gewiegt hat, für Mrs. Crugers
dichterische Begabung und Kunstübung bedeutungsvoll ge=
worden. Sie ist nicht unbekannt mit den armen Leuten;
und wenn sie aus deren dichten Scharen einen und den
andern auf ihre Bühne bringt, weiß sie die Gestalt in Be=
wegung und Sprache mit voller Lebenswahrheit auszustatten.
Auch Personen aus den mittleren Schichten der Gesellschaft
gelingen ihr ausnahmslos. Aber ihre ganz eigentliche Domäne,
in welcher sie völlig souverän schaltet, und die sie deshalb
auch nur selten verläßt, ist doch die Gesellschaft der upper
ten thousand, welche die Sorge um das tägliche Brot —
das Schreckgespenst von Millionen und Abermillionen ihrer
Mitmenschen — nur von Hörensagen kennen.

Dem Romandichter, der seine Stoffe allein oder mit
Vorliebe aus stets derselben socialen Schicht nimmt, liegt
die Gefahr, einseitig und monoton zu werden, bedenklich
nahe. Selbst ihr eifrigster Bewunderer kann schwerlich be=
haupten, daß Mrs. Cruger dieser Gefahr immer ausgewichen
ist. Gewisse Verhältnisse, gewisse Typen kehren beständig
wieder. Der Übelstand würde sich noch unliebsamer bemerk=
bar machen, hätte die Dichterin nicht einen Vorsprung vor
ihren Konkurrentinnen, den sie wieder ihrer exceptionellen
Lebensstellung verdankt: die intime Kenntnis fremder Länder
und Nationen. Sie ist in St. Petersburg und Paris so

ganz zu Hause wie in Newyork und gleicht nach dieser
Seite unserer Ossip Schubin, an deren Art sie auch noch
sonst oft erinnert. Aber freilich, wo sie geht und steht, sie
bleibt Amerikanerin in ihren Empfindungen und Anschauungen.
Selbst wenn sie sich über ihre Landsleute lustig macht —
und sie thut das nicht selten — oder ihnen die derbsten
Wahrheiten sagt — wozu sie sich oft genöthigt fühlt, —
es ist immer eine familiäre Angelegenheit, bei der man die
Worte nicht auf die Goldwage zu legen braucht, wie es
Pflicht des Ausländers ist, der sich auch — wir sahen es
an Boyesen — ein in die Familie aufgenommener Fremder
unterziehen muß.

Mrs. Cruger steht noch nicht lange in der Öffentlichkeit
— etwa seit acht Jahren — und hat seitdem mindestens
ebensoviele größere und kleinere Romane herausgegeben —
eine Fruchtbarkeit, die mich vermuten läßt, daß in ihrem
Pult, als sie ihn das erste Mal aufschloß, bereits einige
dieser Arbeiten fertig lagen. Ich lernte sie zuerst durch
„Mademoiselle Réséda“ kennen, — eine Arbeit, welche mir
sofort eine hohe Meinung von der Verfasserin einflößte;
und diesen Respekt vor ihrem Können hat jedes ihrer folgenden Werke*), ich will nicht sagen: erhöht, aber auch
ganz gewiß nicht abgeschwächt. Streng kritisch genommen,
stehen sie sämtlich hinsichtlich der dichterischen Begabung und
Technik auf demselben ästhetischen Niveau und unterscheiden
sich ausschließlich durch die größere oder geringere Breite
und Tiefe des Vorwurfs. Nur von diesem Gesichtspunkt
aus ist es, daß ich „A Puritan Pagan“, als den inhaltlich

---

*) Die chronologische Reihenfolge der hauptsächlichen Romane ist:
A successful Man; Mademoiselle Réséda; A Diplomat's Diary (deutsch von
mir in Engelhorns Bibliothek. VIII. Jahrgang. Band 8, unter dem Titel
„Daphne“); The Vampires; A Puritan Pagan; Marionettes; Poppaea;
A Wedding.

vielleicht bedeutendsten ihrer Romane, zum Gegenstand einer etwas eingehenderen Betrachtung wähle.

Den Titel: „Ein puritanischer Heide" braucht man, brauchen wir Deutsche wenigstens, so ernsthaft nicht zu nehmen, mit welch inniger Überzeugung ihn die Dichterin auch niedergeschrieben haben mag. Von dem Puritanismus des Helden, auf den der ominöse Titel gemünzt ist, be= kommen wir nicht viel zu hören und von seinem Heidentum, wo möglich, noch weniger. Oder es macht ihn uns seine Liebe zur Natur, seine Gleichgültigkeit gegen die offenbarten Religionen noch keineswegs zum Heiden, während freilich ein sogenannter „Freidenker" in den Augen eines respektablen Amerikaners kaum noch gesellschaftsfähig erscheint. Im übrigen ist er ein gentleman born and bred, gebildet, statt= lich, tapfer und ein ausgezeichneter, gesuchter Rechtsanwalt, der schon nach wenigen Jahren die Erträgnisse seiner Praxis zu einer Million abrunden kann. Alles in allem ein höchst annehmbarer Freier für die einzige Tochter eines ebenfalls reichen, berühmten Privatgelehrten, der nebenbei in religiöser Beziehung denselben freien Ansichten huldigt wie sein Schwiegersohn, ohne daß ihm die gläubige Tochter daraus einen Vorwurf macht. Sie macht ihn auch nicht eigentlich ihrem jungen Gatten, und wenn die Ehe nicht glücklich ist, trotzdem alle äußeren Bedingungen dazu gegeben scheinen, so trägt in den Augen aller Verständigen Paula den größeren Teil der Schuld. Norwood ist nichts weniger als ein Wüstling, er ist nicht einmal, was man einen Lebemann nennt, nur ein Mann, der neben seinen sonstigen Qualitäten auch Fleisch und Blut und gesunde Sinne hat. Was soll ein solcher Mann mit einer Frau beginnen, die ihn, der sie beim Nachhausekommen im Garten unter Rosenbüschen findet und die Überraschte mit Küssen bedeckt, zornig wie

einen Verbrecher von sich stößt? Da muß man doch wahrlich für erleichternde Umstände plädieren, wenn er sich von
diesem Muster steifleinener Respektabilität zu der hübschen,
konzilianten kalifornischen Klientin hingezogen fühlt, und den
beiden ein Moment kommt, von dem es im Buche heißt:
„Sage man was man will, nur eines kann einen Mann
in solch einem Momente retten; nur eines: die aus religiösem
Glauben und der Hoffnung auf ein seliges Leben nach dem
Tode geborene geistige Gnade." — „Die hatte Norwood
nicht", wie die Verfasserin noch ausdrücklich versichert.

Damit ist denn der segenlose Ehebund vollends gebrochen.
Paula, als ihr der von Gewissensbissen gequälte Gatte —
die reizende Kalifornierin ist inzwischen bei der Geburt eines
Kindes gestorben — sein Vergehen beichtet, flieht, ohne ihn
eines Wortes zu würdigen, aus dem Hause und lebt in
völliger Trennung, ohne sich übrigens von dem Verbrecher
gerichtlich scheiden zu lassen, bei ihrer alten Tante weiter.
Ein übrigens ganz vergnügliches Leben in fashionablen
Badeörtern und wo es sonst hübsch und amüsant ist; zuletzt
in Paris, immer umgeben von einem großen Kreise vor-
nehmer und eleganter Damen und Herren, ohne natürlich
trotz aller sie umbuhlenden Schmeichelkünste die Grenzen zu
überschreiten, welche einem Tugendmuster gezogen sind, das
ihrem im blinden Heidentum verirrten Gatten auf den rechten
Pfad zurückleuchten soll.

Der Ärmste ist unterdessen in sich gegangen, hat un-
zählige Reubriefe geschrieben, die selbstverständlich von der
erzürnten Tugend zurückgewiesen werden, darüber graue
Haare bekommen und, was die Hauptsache ist, „beten gelernt". Endlich bringen verständige Freunde die beiden
Selbstquäler, die sich von Herzen nacheinander sehnen,
wieder zusammen; die Tugend verzeiht großmütig dem

reuigen Laster; der Heide ist bekehrt und Religion und Gesellschaft sind bis auf weiteres gerettet.

Dies die kurze Relation einer Geschichte, die dem deut= schen Leser wunderlich genug erscheinen mag und vielleicht um so charakteristischer für das Amerikanertum ist oder doch für den Teil der amerikanischen Gesellschaft, den die Ver= fasserin hat schildern wollen. Eine so selbstherrliche junge Frau, die sich bei einer ersten, allerdings schwersten Be= leidigung sofort auf die eigenen Füße stellt, jeden demütig= sten Versuch einer Wiederannäherung des reuigen Gatten jahrelang grausam zurückweist, ohne sich auch nur einmal die Frage vorzulegen, ob sie selbst ihn nicht durch ihre übertriebene Korrektheit vom rechten Wege abgedrängt hat; sich dann in den Strudel eines von nichtigen Vergnügungen ausgefüllten Lebens ziehen läßt, dessen Wellen ihr bereits über dem hübschen kühlen Kopf zusammenzuschlagen drohen — eine solche von Selbstgefühl strotzende junge Dame, sage ich, möchte bei uns zu Lande nicht allzuhäufig gefunden werden. Ebensowenig, wie der hochgebildete Mann, der sich nach einer Verirrung schlechterdings nicht ins Rechte zu denken weiß, ohne den Umweg zu nehmen durch „the spiritual graces, born of religious beliefs and hopes".

Aber freilich, wenn es drüben genau so zuginge wie bei uns, könnten wir uns die Reise hinüber sparen und ganz gewiß auch die Lektüre transatlantischer Romane. Gerade daß wir dort uns vielleicht bis zur Unheimlichkeit fremd= artigen Zuständen begegnen, uns mit Menschen berühren, in deren Denkungsart und Handlungsweise wir uns schlechter= dings nicht finden können, ist es ja, was uns interessiert und lockt. Und wenn uns, den amerikanischen Mann zu verstehen, auch weniger schwer fallen sollte, dürfte uns die amerikanische Frau desto öfter ein undurchdringliches Rätsel sein, trotz allem, was man von ihr hört und etwa auch sieht. Unlösbare Widersprüche scheinen in ihrem Wesen vereinigt: Herzlosigkeit und Opferfreudigkeit, kühlste Berechnung und tollkühnster Wagemut, zähestes Kleben an den Regeln der pedantischsten Etikette und freieste Führung des Lebens. Und wie ließen sich diese schroffen Gegensätze nicht noch häufen! Ist es einem ernstlich um ihre Lösung und Vermittelung zu thun, kann ich ihm das Studium der Romane von Mrs. Cruger nicht dringend genug empfehlen. Sie kennt ihre Landsmänninnen wie wenige, und in dem Freimut, mit dem sie über sie spricht, in der eminenten Kunst, mit der sie uns sie darzustellen weiß, dürfte sie niemand übertreffen.

Wie sie denn auch sonst eine realistische Dichterin im besten Sinne des Wortes ist. Man sagt wohl von einem Meisterporträt, ohne die dargestellte Person je gesehen zu haben: Das muß ähnlich sein! Die Überzeugung der absoluten Treue ihrer Schilderungen, welcher Art sie auch sein mögen, verläßt uns bei ihr nie. Dabei verfügt sie, was sich nach dem Gesagten fast von selbst versteht, über eine ganz außerordentliche sprachliche Gewandtheit, die sie eben so sehr befähigt, eine Natur= oder Salonscene mit festen Strichen und satten Farben zu malen, wie die Redeweise eines Menschen oder die Windungen eines Gespräches bis in die feinsten Nuancen getreu wiederzugeben.

Man kann nicht behaupten, daß das Genre dieser Schriftstellerin groß sei: aber daß sie groß in ihrem Genre, wird man unbedingt einräumen müssen.

Und ich meine, wie die Lage der Kunst heutzutage nicht bloß bei uns, sondern bei allen Kulturnationen ist, will das immerhin etwas sagen.

VII.

Wie die „Problematiſchen Naturen" entſtanden.

Problematiſche Naturen!
Schrieb's vor nunmehr vierzig Jahren.
Damals friſchgegleiſte Spuren;
Sind jetzunder ausgefahren.

Der Wunſch, von einem Dichter zu erfahren, wie ſein
erſtes Werk entſtanden ſei, iſt ebenſo begreiflich, wie das
Unternehmen, dieſem Wunſche nachzukommen, ſchwierig. Es
gehörte zu ſeiner Durchführung nicht mehr und nicht weniger
als eine vollſtändige Erklärung der Phantaſie, ein Auffinden
und Aufdecken all der geheimnisvollen Quellen, aus deren
Zuſammenflieſßen ſich ihr Strom bildet. Und damit wäre
es nicht gethan. Man würde ſich bei dieſer Erklärung im=
mer in Allgemeinheiten zu bewegen haben, deren äſthetiſch=
pſychologiſcher Wert höchlichſt zu veranſchlagen ſein mag,
ohne daß dem thema probandum viel damit abgewonnen
wäre. Denn nicht darum handelt es ſich: wie operiert die
menſchliche Phantaſie? ſondern: wie operiert die Phantaſie
dieſes Individuums? Und ſelbſt dieſe Frage muß noch da=
hin eingeſchränkt werden: wie hat ſie in dieſem beſonderen
Falle operiert?

Denn auch die individuelle Phantaſie iſt keineswegs immer
dieſelbe, vielmehr nicht bloß quantitativ, ſondern auch quali=
tativ einem beſtändigen Wechſel unterworfen. Wer würde,
müßte er es nicht anderweitig, Taſſo und den Bürgergeneral,
Iphigenie und den Großkophta einem und demſelben Autor
zuſchreiben? Jedes Werk wird unter einem beſonderen Him=

mel geboren, deſſen Farbe ſich in ihm wiederſpiegelt; er=
wächſt aus einem beſonderen Boden, deſſen Geruch ihm an=
haftet. Aber beſchränkt man ſich nun auch auf die Analyſe
eines beſtimmten Werkes eines beſtimmten Autors und bringt
glücklich alle Momente zuſammen, die möglicherweiſe bei
ſeiner erſten Konzeption, ſeinem allmählichen Wachſen und
Ausreifen mitgewirkt haben; kann man mit wünſchenswerter
Beſtimmtheit angeben, wie der Stand ſeiner Bildung war,
als er an das Werk ging und während er daran arbeitete,
und wie ſeine Lebenslage im engeren und in dem weiteren
Sinne des ihn umgebenden, ihn beeinfluſſenden Milien; ver=
mag man die litterariſchen Quellen aufzudecken, aus denen
er ſchöpfte, und die Vorbilder zu nennen, nach welchen er
ſich wiſſentlich oder unwiſſentlich richtete; kennt man die
Landſchaft, die er zum Hintergrund ſeiner Handlung nahm,
vielleicht ſogar die Modelle, nach denen er ſeine Menſchen
formte — nun, dann hat man beſten Falles die Teile ſämt=
lich in der Hand; aber die Hauptſache fehlt: das geiſtige
Band, das, die Teile durchflechtend und umſchlingend, ſie
erſt zu einem Ganzen macht.

Es fehlt und wird ewig fehlen, denn niemand kann in
die Tiefen dringen, wo die geheimnisvollen Mütter hauſen,
die aus unſichtbaren, ungreifbaren, unwägbaren Stoffen das
magiſche Gebilde ſpannen und webten. Niemand und auch
der Autor nicht.

Der vielleicht am wenigſten. Mag der Beobachter den
Moment beſtimmen können, wann der Schlaf dem Einge=
ſchlafenen kam, — der Eingeſchlafene kann es nicht; mag
unſre Umgebung ein ſehr klares Bild von unſerer leiblichen
Erſcheinung haben und wie wir ſtehen, gehen, uns ſonſt be=
wegen; genaue Rechenſchaft geben können von dem Wechſel
des Ausdrucks unſrer Augen in der Freude, im Schmerz,

im Zorn, und welchen Klang unsere Stimme in diesem oder jenem Affekt annimmt — wir selbst sind dem allen gegenüber ein mindestens Halbblinder, Halbtauber; der Hund, der uns auf den Fersen folgt, oder vor uns sitzt und uns ansieht, weiß davon ein mehres und genaueres als wir.

Er hat wohl so sein müssen, wenn wir das Leben, dessen Mittelpunkt doch jeder sich selbst ist, nicht nur erträglich, sondern vielleicht sogar lebenswert finden sollten. Jedenfalls ist es so.

Ich habe dies Bekenntnis wohlbedächtig vorausgeschickt, damit der Leser, dem ich in dem folgenden von dem Wann? Wo? Wie? Warum? meines ersten Werkes, der „Problematischen Naturen" nach bestem Wissen und Gewissen einiges mitzuteilen gedenke, seine Erwartungen nicht zu hoch spanne.

Die „Problematischen Naturen" sind wirklich mein erstes Werk, wenn auch in dem Katalog meiner Schriften einige frühere Nummern verzeichnet stehen. Aber die Novelle „Clara Vere" ist, recht betrachtet, nur eine Schülerarbeit, bei der mir freilich kein Meister über die Achsel gesehen hat; eine Probeschrift zu eigenem Gebrauch, mir selbst darüber klar zu werden, wie weit ich es in der Einsicht des Weltgetriebes und der Darstellung von Menschen ungefähr gebracht; alles in allem ein Produkt, in welchem ich noch nicht eigentlich ich selbst bin.

Diesen ausgeprägten Stempel der Ichheit aber muß meiner Ansicht nach jedes Erstlingswerk, das so genannt zu werden verdient, an der Stirn tragen, wenn der Autor sich auch in den wenigsten Fällen mit seinem Ich hervorwagt, sondern sich etwa hinter einem Jüngling versteckt, den er Werther nennt, oder unter dem Pseudonym Karl Moor in die böhmischen Wälder zieht. Ich traue dem dichterischen Genius der Leute nicht, die, um sich selbst zu finden, in

ein fremdes Land, wo möglich in eine ferne Zeit nach einem
Erstlingshelden suchen gehen müssen, mit dem sie gerade soviel Ähnlichkeit haben, wie Hamlet zwischen sich und dem
Herkules konstatiert. Das mag dann von ihrer Objektivität,
ihrer Belesenheit, ihrer klassischen und sonstigen Bildung,
ihrem Sinn für die schöne Form (goethesierend natürlich!)
und andern schätzenswerten Eigenschaften ein glänzendes
Zeugnis geben; sie mögen von pedantischen Schulgelehrten
und solchen, die niemals weiter als bis in den Vorhof der
Kunst gelangen, als die wahren Musterknaben der Poesie
gepriesen und als solche durch die Litteraturgeschichten ge-
schleppt werden — ich kann ihnen höchstens den Rang eines
vortrefflichen Schriftstellers zubilligen, eines Dichters nicht.
Eines wahren Dichters Erstlingswerk wird immer eine Beichte
sein. Eine Beichte, auch wenn man sie dem Publikum ab-
legt, ist zweifellos eine intime Angelegenheit, vorausgesetzt,
daß der Beichtende die Sache „nicht nur so mitmacht", weil
„es einmal dazu gehört", sondern ihm etwas auf dem Herzen drückt, das er herunter haben muß, wenn er wieder frei
soll atmen und ruhig. schlafen können. Jene Leute aber
haben nichts zu beichten, das nicht ein anderer an ihrer
Stelle ebensogut vorbringen könnte: kein individuelles Er-
lebnis, das ihre Seele bis in den tiefsten Grund aufwühlte
und ihnen Himmel und Hölle war; kein Leiden, das ihnen
aus den öffentlichen Zuständen erwuchs und sich im Laufe
der Zeit bis zur Unerträglichkeit steigerte; nicht mit „denen,
da droben" zu hadern und keine Anklage „in tyrannos"
dieser Erde zu erheben. Nicht heiß und nicht kalt ist, was
aus ihrem Munde geht. So kann ihre Rede auch nicht
„sturmschritts erobern warme Menschenherzen", und „in
usum delphini" ist das einzige, was sie füglich auf das
erste Blatt ihres ersten Werkes setzen dürfen. Das hat

dann freilich den Vorteil für den lauen Herrn, daß weder die ganze noch die halbe Welt sich über ihn ärgert; niemand darüber jammert, er habe ihm sein Armesündergesicht im Spiegel gezeigt, oder ihn sonst in seinen heiligsten Gefühlen verletzt; im Gegenteil: alle Welt in das Lob seiner gesellschaftlichen und ästhetischen Korrektheit, moralischen und politischen Ungefährlichkeit einstimmt, und er, wenn Gott will, noch bei Lebzeiten den Triumph hat, auf die Bank der Klassiker gesetzt zu werden.

Habeat sibi! —

Mit meiner Beichte hatte es gute Weile: ich war, bis die erste Abteilung der „Problematischen Naturen" erschien, schier dreißig Jahre alt geworden. Wie das so kam — und, weil's so kam, vermutlich so kommen mußte — in meiner Autobiographie „Finder und Erfinder" (Leipzig 1887. L. Staackmanns Verlag) habe ich es zu erklären versucht und ich muß den Leser, der sich für die Einzelheiten des Falles interessiert, auf diese zweibändige Relation verweisen. An dieser Stelle kann ich nichts, als versuchen, sein Augenmerk auf die Hauptpunkte zu richten, welche in der längeren Erzählung, von Beiwerk überwuchert, vielleicht weniger deutlich hervortreten, und ein und das andere Moment, dessen Bedeutung für den Prozeß mir selbst nachträglich erst aufgegangen ist, schärfer zu accentuieren.

Ich bedaure nachträglich gar nicht, daß ich mir zur Formulierung meiner Beichte so viel Zeit ließ. Möglicherweise ist sogar, um das dreißigste Jahr herum den großen Wurf zu wagen, jedem zu raten, der den Drang in sich spürt, in Zukunft das love vulgus, Publikum genannt, zum obersten Richter über seine poetischen Thathandlungen zu machen. Nur daß man den Leuten nicht zu raten braucht, was die Natur gemeiniglich in die eigne starke Hand nimmt,

und den Arm, der schon längst vor Begierde zittert, ganz
einfach zwingt, den Speer zu entsenden. Sehr begreiflich!
Sie sagt sich: jetzt, oder nie ist der Mann im stande, zu
zeigen, was er kann. Er steht in der Akme seiner durch
jahrelange Übung gestählten physischen und geistigen Kraft;
noch haben Fehlschläge ihm nicht das Vertrauen zu sich selbst
geraubt; noch glaubt er an die Echtheit goldner Zukunfts=
wolken, noch an die Verwirklichung seiner Ideale und die
Perfektibilität der Menschen. Einige Jahre früher würde
dieses oder jenes Moment fehlen, auf das ich für die beab=
sichtigte Wirkung rechnen muß; ein paar Jahre später werden
wieder andre, die sich inzwischen dazu gesellt, hemmend ein=
greifen. Also frisch ans Werk!

Ich gebe gern zu: auch hier schickt sich eines nicht für
alle. Eine schnelllebige Zeit wird ihre jungen Krieger früher
auf den Kampfplatz führen, und zu jeder Zeit gab es Heiß=
sporne, die das feurige Blut nicht schlafen läßt und die
aufstehen und ihre Stimme erheben, bevor die jüngsten
Hähne krähen. Meine Jugend fiel in eine Periode, in der
die Nacht länger war als der Tag; die Nachtwächter sehr
auf ihren Dienst paßten und die sanftesten Schlummerlieder
zu tuten wußten. Dazu war ich kein Percy, hatte im Gegen=
teil eine tüchtige Portion jener Temperamentseigenschaft, mit
der „Frankreich“ Cordelias spröde Zurückhaltung entschuldigen
will und sie, höflich, wie er ist, „ein Zaudern der Natur“
nennt, „das oft die That unausgesprochen läßt, die es zu
thun gedenkt.“ Was aber vielleicht in der Sache den Aus=
schlag gab: ich empfand nichts, oder doch sehr wenig von
dem Stachel, den andre fortwährend in ihrem Fleisch fühlen,
und der sie rastlos vorwärts treibt: dem Stachel des Ehr=
geizes; und es ist wahrlich keine Ruhmredigkeit, sondern
eher das Gegenteil, wenn ich mir — wenigstens für jene

Zeit, und auffallend habe ich mich in dieser Beziehung bis auf den heutigen Tag nicht verändert — die Gesinnung des etwas stark schrullenhaften, weltfremden, „ausgewanderten“ Freiligrathschen Dichters vindizierte und sein vermessenes Wort zu dem meinigen machte: „Fahr hin, o Welt! Im Herzen trag' ich Welten.“

Troß alledem hatte ich, bis es zur eigentlichen Beichte kam, mein übervolles Herz nicht durchaus wahren können.

Es wird in der Dämmerstunde eines Herbstabends im Jahre 51 gewesen sein, als ich meiner Schwester, die ich sehr liebte und troß ihrer großen Jugend zur Vertrautin meiner seelischen Freuden und Leiden machen durfte, einen Roman erzählte, der im Grunde nichts anderes war als die „Problematischen Naturen“. Ich sage: im Grunde, denn, hatte auch der erzählte Roman mit dem soviel später ge= schriebenen, was die Fabel betraf, nur eine entfernte Ähn= lichkeit — die Hauptsache, ich meine: die Hauptperson war da: der Held, der, wenn er sich nicht mein Spiegelbild nennen durfte, doch mit dem Erzähler eine ausgeprägte Familienähnlichkeit aufwies. Und nicht er allein erschien mit voller Deutlichkeit auf der Bildfläche. In seinem Ge= folge befanden sich verschiedene Gestalten, schon nicht mehr schwankend, vielmehr in klaren, scharfen Umrissen — die Gestalten derjenigen meiner Freunde, welchen ich den stärk= sten Einfluß auf den Gang meiner Entwickelung zusprechen mußte, und die denn auch, wie sie damals fest vor meines Geistes Aug' standen, in den Roman übergegangen sind.

Was aber wichtiger noch und etwas ganz anderes zu sein scheint, während es dasselbe nur mit andern Worten sagt und mit dem Helden völlig identisch ist: der Gesichts= winkel, unter welchem der junge Poet das Weltfragment sah, das er zu schildern gedachte, war in dem erzählten

Roman der nämliche, welcher für den geschriebenen zur An=
wendung kam. Der ganze Unterschied bestand darin, daß
das betreffende Weltfragment im Laufe der Jahre naturge=
mäß an Weite und Breite gewann und Raum gewährte für
eine Fülle von Personen, deren Bekanntschaft ich noch zu
machen hatte, darunter allerdings auch unterschiedliche sind,
ohne die sich der Leser den Roman nicht wohl vorstellen könnte.

Auch war es nicht bei diesem rhapsodischen Erguß vom
Brudermunde zum Schwesterohr geblieben. Ich hatte ein
paar Jahre später etwas erlebt, das mir eine Quelle hohen
Glückes gewesen war, um mir — und leider nicht mir
allein — nachträglich viel heiße Thränen zu kosten, und
natürlich, wie alles Bedeutsame, das ich erlebte, als Stoff
in den Roman einfließen sollte. Je öfter ich aber in Ge=
danken — denn noch immer war kein Wort zu Papier ge=
bracht — diesen Stoff überschlug, um so drückender wurde
für mich die Empfindung der Masse, welche sich im Laufe
der Jahre angehäuft hatte, und daß ich niemals im stande
sein würde, sie zu bewältigen. Da brauchte denn bloß die
Versucherin Not in Gestalt einer Zeitungsredaktion, die durch=
aus eine Erzählung von mir haben wollte, an mich heran=
zutreten, und die Novelle „Auf der Düne" war in wenigen
Wochen fertig und gab sich als ein selbständiges kleines
Werk aus, trotzdem sie ursprünglich nichts als ein integrie=
rendes Stück des großen Romans gewesen war und als
solches monatelang angefangen im Kasten gelegen hatte. So
entstand in dem Roman eine Lücke, die niemals richtig wie=
der ausgefüllt und nur, sozusagen, überkleistert wurde. Sie
findet sich da, wo Oswald, der Hauslehrer, in den Ferien
an die See geht, um, wie der ursprüngliche Plan war, eben
die in der Novelle geschilderten Ereignisse, wie die Sache
jetzt steht, schlechterdings nichts zu erleben und, da er doch

nicht ewig müßig aufs Meer starren konnte, von einem deus
ex machina in Gestalt des jungen Doktor Braun nach Gren=
witz zurückgeholt zu werden. Als Fielding einst ein Theaterstück aufführen ließ und Leute im Parterre bei einer Scene,
deren Schwäche er selbst sehr wohl kannte, anfingen zu
pfeifen, wandte er sich lächelnd zu seinem Begleiter mit den
Worten: The sly dogs! they have found it out! Keiner
meiner Kritiker hat mir, den mit gröbstem Zwirn zugenähten
Riß in dem Gewebe des Romans aufzeigend, Gelegenheit
gegeben, meine Kaltblütigkeit einem begründeten Tadel gegenüber an Tag zu legen. Freilich, wer verlangt denn auch
von der Fabel eines Romans die Folgerichtigkeit, mit der
die eines Dramas aufgebaut sein muß! Nicht die Kritik,
und nicht das Publikum! Ach, und wie innig wäre zu
wünschen, daß die Fieldingschen Pfeifer im Parterre auch
für die Romane existierten! Sie müßten freilich, wenn sie
ihres Amtes gewissenhaft walten wollten, einen gar mächtigen
Atem haben! Und dann wäre noch darauf zu wetten, daß
von neunundneunzig Malen unter hundert die Ausgepfiffenen
nicht wüßten, warum gepfiffen wird.

Dann — so um das Jahr 54 — wurde mir des
Rumorens in Kopf und Herzen doch zu viel und ich ging
ernstlich daran, dem Spuk ein Ende zu machen, die Schemen
einzeln bei ihren Namen zu rufen, sie vom Blute — man
nimmt da bekanntlich, faute de mieux, sein eigenes —
trinken zu lassen und so zur Rede zu zwingen.

Aber der Beschwörungsprozeß ging nur langsam von
statten. Es kamen da so manche Zwischenfälle, welche den
Zauber, der die völlige Hingabe des Beschwörers an die
Sache, die straffste Sammlung seiner Geisteskräfte und nebenbei auch noch die tiefste Stille rings um den geweihten Kreis
erfordert, auf die unliebsamste Weise störten. Vielleicht ist

es übel eingerichtet, leider aber nicht zu ändern, daß man, um schreiben zu können, auch zu leben haben muß. Zu diesem banausischen Zweck nun war ich genötigt, vieles zu thun, was ja soweit ganz ehrenvoll war und auch den nicht zu entbehrenden bescheidenen Gewinn brachte, aber mir ein= mal über das andere die wehmütige Frage der Müllerlieder: „Ist das denn meine Straße?" auspreßte. Ach Gott, es war nicht meine Straße, die mich Tag für Tag in das Leipziger Moderne Gesamtgymnasium führte, wo ich wider= spenstige Buben in die Geheimnisse der deutschen und eng= lischen Grammatik einzuweihen hatte, oder nebenan in die dem Gymnasium angeschlossene höhere Töchterschule, dort mit willigen Mägdelein J'aime, tu aimes zu konjugieren! Nicht meine Straße, die in die Sackgasse von Verlegern auslief, denen ich für schnöden Lohn fremden Ungeschmack vertieren sollte! Und wenn auch sicher die preußischen sechs= wöchentlichen Reserveübungen pro patria waren, und ich zweifellos die heilige anno 59 bei der famosen Mobilmachung mehrere Monate hindurch aus allen Kräften retten half — mein Roman, an dem ich oft genug nur nächtlicherweile ein paar Stunden schreiben konnte, und der ein andermal wer weiß wie lange unberührt im Pulte lag, kam nur mit Schneckenlangsamkeit aus der Stelle; wenn das so fortging, konnte ich, bevor ich meine Beichte beendet hatte, das Alter der weißköpfigen Krähe erreichen. Und Don Carlos beklagt sich, daß er mit zweiundzwanzig Jahren noch nichts für die Unsterblichkeit gethan!

So ging es also nicht. Ich faßte einen energischen Entschluß, verbrannte das Schulschiff hinter mir, stopfte mir Wachs in die Ohren gegen das Sirenenlocken über= setzungswütiger Verleger und schloß mit der Zeitung für Norddeutschland in Hannover einen Kontrakt ab, laut welchem

ich ihrem Feuilleton, ohne daß eine Unterbrechung im Druck
stattfände, einen Roman von vier Bänden zu liefern hatte,
von denen höchstens einer fertig war und die drei dazu
gehörigen andern im Wettkampf mit der Druckerpresse geschrieben sein wollten.

Nun, ich brauchte schon in jenen verhältnismäßig jungen
Jahren wenig Schlaf, hatte auch zu arbeiten gelernt; überdies die Sache machte mir ein Vergnügen, von dem der
eifrigste Leser sicher niemals den hundertsten Teil empfunden
hat, und — ich ging glatt durch das Ziel, den Gegner in
für ihn beschämender Weise weit hinter mir lassend.

Dann wurde ich Redakteur desselben Feuilletons, in
welcher die erste Abteilung des Romans — weiter war ich
in den vier Bänden nicht gelangt — das Licht der Lese-
welt erblickt hatte, und schrieb, als solcher, die zweite —
abermals in vier Bänden, so meine große Beichte absolvierend.

Eine achtbändige Beichte, in der zehn Jahre meines
Lebens steckten!

Und das ist noch zu wenig gesagt: die Quintessenz
meines ganzen bisherigen Lebens!

Allerdings wirklich nur die Quintessenz. Von meinen
thatsächlichen Erlebnissen waren nichts als Fragmente in den
Roman verarbeitet und auch sie hatten es sich gefallen lassen
müssen, in dem Tiegel der Phantasie umgeschmolzen und
dann in die Form gegossen zu werden, in welcher sie sich
dem übrigen Körper des Romans harmonisch angliederten.

Nichts als Fragmente, und auch ihrer waren, je länger
ich mich mit dem Stoff trug, und nun gar, als es an die
Ausarbeitung ging, immer weniger geworden. Ursprünglich
nämlich hatte die Aufgabe, die ich mir gestellt, ungefähr
ausgesehen, wie das bekannte Rezept des Bauers: „Mein
Herr Maler, will er wohl mich abkonterfeien" — nach)

welchem allerdings in erster Linie er auf der Leinwand
paradieren soll; dann aber auch sein Weib, seine Söhne,
Töchter, Knechte, Mägde, Nachbarn, schließlich das ganze
Dorf mit seinen sämtlichen Äckern und Wiesen. Allmählich
wurde mir klar, daß dabei bestenfalls eine Selbstbiographie
herauskäme, nimmermehr ein Roman. So mußte denn
gestrichen werden. Erklärlicherweise trafen die Striche be=
sonders hart die ersten Kapitel meines Lebens: die Knaben=
und Jünglingsjahre, von denen, wie die Sache jetzt liegt,
nur hier und da noch ein wenig zwischen den Zeilen zu
lesen ist; oder, innerhalb der Zeilen, nicht anders als mas=
kiert sich an's Licht wagt; z. B. in der Gestalt Brunos.
Dann kommt eine Partie — und mit ihr setzt der Roman
ein — in welcher die Anleihen, die ich bei meinen wirk=
lichen Erlebnissen mache, sehr stark sind, ja, wo der Held
des Romans, und was ihm begegnet, mit der Person des
Autors, und was diesem begegnet war, zu einem korinthischen
Erz zusammenschmelzen.

Das gilt, wenn man es nicht zu streng nehmen will
und bedenkt, wie in einem solchen Falle Wahrheit und
Dichtung stets geschwisterlich Hand in Hand gehen müssen,
von der ganzen ersten Abteilung. Von der zweiten gilt es
nicht mehr, oder doch nur in sehr viel eingeschränkterem
Maße.

Denn hier trennen sich die Wege des Autors und des
Helden und gehen bis zum Schluß immer weiter auseinander.
Um die Geschichte irgend einer „Natur" schreiben zu können,
darf man selber keine ebensolche bis ins Mark sein; nur
ein Geistesverwandter mit einer gewissen Familienähnlichkeit:
nicht toto genere, aber doch soweit verschieden, wie es
Brüder zu sein pflegen, die besser harmonieren würden,
wenn nicht einer in dem andern fortwährend Züge entdeckte,

welche er bei sich selbst keineswegs zu seiner Freude beob=
achtet hat. Wie unheimlich groß muß die Ähnlichkeit ge=
wesen sein, die Gulliver zwischen sich selbst und dem Jaahoo
konstatierte, wenn er vor dem unglücklichen Geschöpf ein
solches Grauen empfinden konnte!

Ich bezeichnete oben als das einem Roman sein be=
sonderes Gepräge gebende und seine Bedeutung bestimmende
Moment den Gesichtswinkel, unter dem der Autor sein dies=
mal zur Beobachtung erwähltes Weltfragment gesehen habe,
und versicherte, dieser Gesichtswinkel sei für mich von der
ersten Conception der problematischen Naturen bis zum
Schluß derselbe geblieben, trotz der Erweiterung, welche der
Stoff im Laufe der Jahre erfuhr. Darin liegt nichts eben
Auffallendes, noch weniger ein Widerspruch. Ich will nicht
behaupten, es gehe in dem angeborenen Temperament eines
Menschen — und mit dem Temperament in seinem Charakter
und mit dem Charakter in seiner Weise, die Welt zu sehen
— überhaupt keine Veränderung vor; aber von dem Augen=
blicke einer gewissen Reife seines Wesens sind für die Folge=
zeit diese Veränderungen sicherlich sehr gering, und man
kann sagen: idem semper vultus eademque frons. Wenn
Wallenstein des Menschen Wollen und Handeln zum voraus
bestimmen will, sobald er nur erst sein Inneres erkannt,
muß er derselben Ansicht gewesen sein. Wieviel von diesen
Wollen und Handeln wirklich wird, hängt freilich für das
betreffende Individuum von allerlei Zufälligkeiten ab; für
Wallensteins Vetter z. B. davon, ob ihn aus der Lützner
Schlacht der Schecke wieder heil ins Lager bringt, oder als
Schwerverwundeten, oder auch gar nicht. Analog ist denn
auch das fragliche Weltfragment, welches unter den Gesichts=
winkel fällt, hinsichtlich seiner Ausdehnung nur von relativer
Bedeutung. Es kann so sein, wie das in der Ilias ge=

schilderte, d. h. so groß, daß es beinahe die ganze Welt
umfaßt, oder so eingeschränkt, wie in Hermann und Dorothea.
Ist das kleine Fragment nur mit demselben klaren, liebe=
vollen Auge geschaut, mit derselben gewissenhaften Plastik
dargestellt, wie das große, kann man den Gesichtswinkel
des Dichters in dem einen Falle genau so scharf bestimmen,
wie in dem andern. Womit nicht gesagt sein soll, daß die
Größe und Bedeutsamkeit des Objekts für die Wertschätzung
des Kunstwerks, zu welcher Art es auch gehöre, völlig gleich=
gültig sei. Ein Einakter, wäre die in ihm an Tag gelegte
Kunst noch so löblich, wird immer hinter dem Hamlet oder
dem Makbeth zurückstehen; der Baumeister einer noch so
stilvollen Villa dem des Kölner Doms den Vortritt lassen
müssen. Doch das nebenbei.

Wie aber soll ich den Gesichtswinkel bestimmen, unter
dem der Autor der problematischen Naturen seine Welt sah?
Oder es anders auszudrücken: was war die ruling passion
seiner Seele? das besondere Pathos, in dessen Färbung sich
vor seinem Blick notgedrungen das Menschentreiben tauchte?
und von dessen übermächtigem Druck sich zu befreien, dessen
qualvolle Glut auszuströmen, er mit allen Kräften rang?

Wie der Hirsch nach Wasser, hatte meine Seele, ich
sollte meinen: von dem ersten Augenblicke, da sie „Ich“
denken konnte, nach Freiheit geschrieen. Nach der Freiheit,
zu leben nach meinem Gutdünken, wenn man darunter ver=
steht, was uns gut deucht nicht im eudämonistischen, sondern
moralischen Sinne; nach der Freiheit, mich auszuleben, jede
Kraft, die ich in mir fühlte, spielen und wirken zu lassen
bis an ihre Grenze; mich frei zu machen von dem Einfluß
der Menschen, die mich auf andere Bahnen lenken wollten,
als meine Natur mir vorschrieb; von der Macht der Ver=
hältnisse, welche die Autonomie meines Handelns und Wirkens

zu bedrohen schienen; zuletzt, und nicht zum geringsten, von den Hindernissen, die, aus dem eignen Innern aufsteigend, der fröhlichen Entfaltung meines Wesens sich entgegenstemmten in Gestalt von schlimmen Neigungen und Begierden, oder Schwächen jeder Art, auch wenn sie sich selbstgefällig als Stärken aufputzten.

Dies war das eine: mein Leben sollte so groß und mächtig sein, wie ich es irgend machen könnte. Sodann ein anderes Verlangen, nicht minder brünstig als jenes: es sollte schön sein; sollte für mich erraffen, was es an Schönem, in welcher Form immer, zu erraffen vermöchte. Es versteht sich von selbst, daß es kürzere oder längere Zeit währen muß, bis ein junger Mensch, wenn er auch die Regungen solcher Leidenschaften lebhaft in sich spürt, über ihre Natur klar wird, und daß sie ein für allemal die bestimmenden Momente seines Lebens sind; daß er dazu geboren ist, ein Freidenker, Tyrannenhasser, Republikaner zu sein; und keine Einreden von Vettern und Basen und keine Mißgunst der Verhältnisse ihn auf die Dauer davon abhalten werden, sein Heil als Künstler zu versuchen. Ich darf sagen: verhältnismäßig recht frühzeitig bin ich mir in meinem dunklen Drange des rechten Weges — des Weges, den ich, wie ich nun einmal war, allein gehen konnte — bewußt gewesen; und dies Bewußtsein war es auch wohl, was mich vor der Überhast schützte, die so viele längst vor dem erstrebten Ziele zusammenbrechen läßt.

Aber der Kampf mit den unholden Mächten, die dem Schwärmer für Freiheit und Schönheit sich von außen entgegentürmen, oder ihm aus seinem Innern neckend und schreckend erwachsen, war mir nicht erspart geblieben; und nicht das Grausen vor dem Abgrund, an dessen Rand ich wandelte; und nicht die schaudervolle Gewißheit, daß, wer

sein Freiheits= und Schönheitspathos zum seelen= und körper=
zerrüttenden Rausch ausarten läßt, unfehlbar in den Schlund
hinabstürzt. Die „Problematischen Naturen" sind die Ge=
schichte eines solchen Unglücklichen.

Armer Halbbruder! Ich konnte mit dir in vollen Zügen
den herben Atem des Meeres trinken und die balsamische
Luft, die über blühende Gärten weht, und den Würzduft,
der aus frischumpflügten Ackerbreiten steigt; mich im Waldes=
schatten am Rand des schilfumflüsterten Sees mit dir ein=
spinnen in bunte Märchenträume von der blauen Blume,
die im stillverborgenen Felsenthale wächst, und schönen
Frauen, die den schäumenden Renner zügeln, dir gütig
lächelnd die schlanke Hand zu reichen; konnte mit dir sinnen
und dichten, grübeln und philosophieren, scherzen und spotten
— spotten der Dichterlinge und ihrer Gesellinnen; der
augenverdrehenden Pfaffen und ihres Gelichters; der sporen=
klirrenden Junker und ihrer hochnasigen Weiber. Und mit
dir trauern um einen herrlichen Knaben=Jüngling, vom herben
Geschick dahingerafft in seiner Maienblüte. Und aus voller
Seele mit dir hassen alles, was in Staat und Gesellschaft
sich übermütig spreizt und bläht und gierig von dem Schweiß
der vielen mästet, deren Nähe es doch, wie die Pest, flieht;
und Sonderrechte arrogiert, die ihm die Gnade eines Gottes
zugeteilt haben soll, den es sich nach seinem schnöden Eben=
bilde machte. Das konnte ich und hab's redlich gethan.
Und es wurde mir nicht leicht und mein Herz hat ge=
blutet, als ich mich von dir trennen mußte, um nicht mit
dir einzulenken in das fluchbeladene Land, da in der stechen=
den Sonne rücksichtsloser Leidenschaft keine holden Blüten=
träume mehr reifen, und der Acker ihm, der zu arbeiten
verlernt hat, keine nährende Frucht länger bringt. Und hab'
es dir so von ganzem Herzen gegönnt, daß, wie verfehlt

auch) sonst dein Leben war und du selbst bankerott an
Glauben und Hoffnung und Liebe, du wenigstens sterben
durftest mit vielen Hunderten, die braver waren als du, für
eine Idee, die, tausendmal blutig gegeißelt und schmählich
ans Kreuz geschlagen, immer wieder aus dem Grabe er-
stehen und endlich die Welt besiegen wird.

VIII.

Wie ich zu dem Helden von „Sturmflut" kam.

„Nenne den Mann mir, Muse!"
Odyssee.

Es war nach Tisch an einem Augusttage des Jahres 1874. Wir saßen — eine Gesellschaft von Herren und Damen — kaffeetrinkend in der Veranda des Kurhauses von Heringsdorf. Ein wunderlieblicher Tag: hier und da an dem tiefblauen Himmel ein silbernes Wölkchen; hier und da auf der purpurnen, von einer leichten Brise kaum gefurchten See ein schimmerndes Segel von Vergnügungs- oder Fischerbooten; am fernsten Horizonte ein letzter verschwindender grauer Streifen Rauches aus dem Schlote eines Dampfers, der von Swinemünde nach Schweden ging. Von dem blauen Himmel und dem purpurnen Meere hoben sich die weißen Säulen, welche das Dach der Veranda trugen, prächtig ab — es gehörte kein großer Aufwand von Phantasie dazu, um sich nach Italien versetzt zu glauben.

Besonders nicht für mich, der ich im Frühling und Frühsommer des vergangenen Jahres Italien und Sicilien bis hinab nach Syrakus durchstreift und erst gestern von meinem Verleger die ersten Exemplare meines „Skizzenbuches" erhalten hatte, das unter anderem auch die ausführliche Schilderung meines Aufenthaltes im Lande der Citronen und Goldorangen enthält. Eines dieser Exemplare lag, halb versteckt unter Seiden- und Wollsträhnen, in dem Nähkörbchen einer Dame, der gegenüber ich, etwas abseits von der übrigen Gesellschaft, an einem dicht an die Balustrade

der Veranda gerückten kleinen Marmortischchen saß. Das
Buch war auf durchaus legitime Weise in das Nählörbchen
gekommen. Oder was wäre legitimer, als daß ein Dichter
sich beeilt, der schönsten Dame des Kreises, in welchem er
sich augenblicklich bewegt, ein Exemplar seines neuesten
Buches zu überreichen, selbstverständlich mit Hinzufügung
eines handschriftlichen, für die Empfängerin nicht ganz un=
verbindlichen Sonetts. Zu meiner sporadischen Gelehrsam=
keit gehörte die Notiz, daß bei den Phöniziern die Göttin
des Liebreizes und der Anmut „Ana" hieß. Ich hatte es
für geboten erachtet, mit nicht mißzuverstehender Deutlichkeit
an diese philologische Thatsache zu erinnern in einem Ge=
dichte, welches „An Anna" überschrieben war.

Die schöne Frau hatte die kurze Sommernacht drangesetzt,
um das „Skizzenbuch" trotz seines immerhin stattlichen Um=
fanges von der ersten bis zur letzten Seite zu lesen. Ich
sah darin selbstverständlich nur das Interesse, welches sie
für die neuere Litteratur im allgemeinen nahm, trotzdem sie
jetzt die Güte hatte, mir im besonderen über die Art und
Weise, wie ich Dinge und Menschen anschaue, und der=
gleichen viel Schmeichelhaftes zu sagen.

„Wie glücklich," äußerte sie in dem weichen Ton ihrer
Stimme, die immer wie lieblichste Musik an mein Ohr
klang; „wie glücklich müssen Sie sein! Wir anderen! Nun,
wir sehen das alles, fühlen das alles ja auch. Aber mit
der Zeit verflattert, verweht es und schwebt nur noch als
bleicher Schatten in der Erinnerung. Sie können es bannen
durch den Zauber des Wortes für Sie selbst und für die
anderen, die nun so an Ihrem Glücke teilnehmen dürfen."

„Wenn dieses Glück nur nicht so teuer erkauft wäre!"

„Wie meinen Sie das?"

„Ich meine, es fährt sich sehr behaglich auf der Eisen=

bahn in einem Coupé erster Klasse, während der Zug auf
den glatten Schienen hohe Dämme entlang, durch tiefe Ein=
schnitte, über kühne Brücken rollt mit all den hübschen Aus=
blicken nach rechts und links; aber von wie vielen heißen
Stirnen mußte der Schweiß in Strömen rinnen, bis dem
Fahrgast seine angenehme Situation ermöglicht wurde!"

„Im Gegenteil!" sagte die schöne Frau eifrig. „Wer
in der Welt könnte auf dieser Fahrt eine höhere Lust em=
pfinden als der Meister selbst, der die Bahn gebaut hat!"

„In einem gewissen Sinne fraglos," erwiderte ich; „nur
ist dabei ein Übelstand. Es ist nämlich zehn gegen eins
zu wetten, daß der betreffende Meister sich bereits wieder
mit dem Projekte einer neuen Bahn trägt und er, den Kopf
voll von dem Zukunftswerke, nicht Aug' und Sinn mehr
für das alte hat."

Die schönen braunen Augen hoben sich mit schnellem
Aufblick von der Arbeit zu mir.

„Sie haben wieder etwas unter der Feder — natürlich!"

„Unter der Feder? — leider nein! Ich werde aber
allerdings schon seit geraumer Zeit von einer Idee zu einem
Roman verfolgt, die mich nicht losläßt — ich darf wohl
sagen: Tag und Nacht! Denn ich kann nicht in der Nacht
erwachen, ohne daß sie sofort vor mir steht — wie — wie
einer jener Schemen, die sich an Odysseus herandrängten,
als er im Hades das Blut des schwarzen Widders in die
Grube fließen ließ."

„Nun, und —"

„Und denken Sie, dieser Schemen will nicht von dem
Blute trinken, und bevor er nicht getrunken hat, kommt kein
Wort über seine bleichen Lippen."

„Wenn ich Sie verstehen soll — und ich möchte Sie
gar gern verstehen — müssen Sie sich entschließen, in

weniger dunklen Rätseln zu sprechen. Sie sagen, Sie haben die Idee zu einem Roman. Ich denke, das ist die Hauptsache?"

„Im Grunde, ja, und trotzdem eine Klinge, zu der der Griff, fehlt und mit der man infolgedessen schlechterdings nichts anfangen kann, wenigstens nichts auf dem Gebiet des Romans. Sie erinnern sich der Anfangsworte von Byrons ‚Don Juan‘?"

„‚I want a Hero?‘"

„Das ist genau mein Fall: mir fehlt es an einem — sagen wir: dem Helden."

„Ich gestehe zu meiner Beschämung, das abermals nicht zu verstehen."

„Da ist nichts zu schämen, gnädige Frau, so wenig als daß Sie das schmucke Boot da nicht zu steuern verstünden. Es legt eben um und scheint hierher zu wollen. Es wird bei dem Winde noch ein paar Schläge machen müssen."

„Ich glaube, Sie sind unter anderem auch Seemann?"

„So ein bißchen davon. Ich bin ja an der Küste dieses Meeres groß geworden."

„Ich weiß; aber bleiben wir bei unserem Thema! Es interessiert mich. Was ist das mit dem Helden, den Sie, wie ich wohl begreife, zu einem Roman haben müssen und den Sie nicht finden zu können behaupten, was ich nicht begreife. Das scheint mir doch verhältnismäßig das aller= leichteste."

„Unter Umständen ja, wenn er mit der Idee, wie es wohl geschehen kann, zusammen geboren und eins mit und untrennbar von ihr ist. Die Sänger der Ilias und der Odyssee sind gewiß nicht um ihre Helden verlegen gewesen. Auch Cervantes, wenn er das abgelebte Rittertum und die schwulstigen Abenteuerromane verspotten wollte, hat vielleicht

14*

nicht lange nach dem edlen Manchaner zu suchen brauchen — es gab seiner Zeit sicher mehr solcher hirnverbrannten Hidalgos! — wobei ihm der Ruhm, im Finden und Er- finden dieser Gestalt eine der allergrößten dichterischen Thaten vollbracht zu haben, unbestritten bleiben soll. Um das Stück Welt zu sehen, daß diese und andere Dichter schildern wollten, gab es sozusagen nur dies eine Fenster. Gleich einfach liegt die Sache nicht immer. Es kommen Fälle, in denen das Weltfragment, welches der Romandichter seinem Leser vor- zuführen gedenkt, sehr kompliziert ist, so daß es schwer hält, es von einem Standpunkte zu überblicken. Um ein anderes Bild zu brauchen: es durchläuft der Strom seiner Dichtung ein an Quellen besonders reiches Gebiet, die doch alle in das eine Strombett geleitet sein wollen, wenn ein für die Phantasie überschauliches Ganzes, d. h. ein Dicht- und Kunstwerk, daraus werden soll. Die Bürgschaft aber, daß es ein solches wird, kann einzig und allein der Held übernehmen. Er und er allein sorgt dafür, daß die Phan- tasie sich nicht ins Grenzenlose verläuft — eine Gefahr, die für keinen Dichter so groß ist wie für den epischen. ,Melde den Mann mir, Muse, den vielgewandten' — sehr schön! aber: ,der vielfach umgeirrt, als Troja, die heilige Stadt, er zerstöret; vieler Menschen Städte gesehen und Sitte ge- lernt hat' — da fängt die Gefahr für den Sänger an: die Gefahr, daß er die Geister, die er rief, nicht wieder los wird und vor all den Städten all der Menschen, die sein Held gesehen und die er uns nun auch sehen lassen möchte, den Helden aus den Augen verliert, und daß so statt der Odyssee eine Art ,Voyage du jeune Anacharsis en Grèco' zu stande kommt — sehr lehrreich zu lesen, aber nur bei Leibe kein Dichtwerk."

„Und davor schützt den Dichter der Held?"

„Ich wiederhole: er einzig und allein. Mit ihm fängt der Roman an, mit ihm endet er. Was vor seinem Auf= treten etwa geschieht, ist gewissermaßen nur Präludium; was, nachdem er abgetreten, Nachklang und Nachspiel. Er ist das Centrum, welchem innerhalb der Peripherie alles zustrebt; er ist auch der Radius, welcher den Umfang der Peripherie bestimmt. Wer und was nicht mit dem Helden in irgend einem Zusammenhange steht, gehört nicht in den Roman, und dieser Zusammenhang darf nicht zu entfernt sein, oder der Roman verliert in dem Maße der Entfernung an Übersichtlichkeit und mit der Übersichtlichkeit an Schönheit."

„Und dieser Allerweltsmann von einem Helden fehlt Ihnen für Ihren Roman?"

„Leider."

„Und Sie können, bis Sie ihn haben, nicht anfangen?"

„Nicht eine Sekunde früher."

„Was ist da aber zu thun?"

Ich zuckte die Achseln.

„Geduld haben und fromm sein. Den Frommen soll es ja der Herr im Traume schenken. — Sie brechen auf?"

Ich muß einmal nach meinen Kindern sehen. Inzwischen schlafen Sie vielleicht ein Stündchen. Es ist von wegen des Traumes, wissen Sie — des Traumes vom Helden!"

Die schöne Frau hatte ihre sieben Nähsachen in das Körbchen zusammengepackt, das Körbchen in die Hand ge= nommen und mit einem freundlichen Lächeln zu mir und einem anmutigen Nicken des Kopfes gegen die übrige Ge= sellschaft die Halle verlassen.

Die Gesellschaft war inzwischen ziemlich zusammen= geschmolzen; von denen, die geblieben, gehörte keiner zu meinen näheren Bekannten; so mochte ich ruhig auf meinem Platze verbleiben. Das Gespräch, das ich mit der schönen

Freundin geführt hatte, ging mir weiter durch den Kopf. Welcher Genuß war es doch, mit einer klugen Frau über diese Dinge sich zu unterhalten! Wie hatte sie alles so mühelos verstanden! Wenn ich jetzt einschlief — müde genug war ich — und mir der Himmel im Traum meinen längst ersehnten Helden schenkte — mein Verdienst würde es nicht sein; nur, weil die liebe Heilige für mich armen Sünder gebeten!

Während ich so, wirklich halb träumend, dasaß, war das Fahrzeug, auf das ich vorhin ihre Aufmerksamkeit gelenkt hatte, näher gekommen. Daß es keines der gewöhnlichen Fischerboote von hier oder Ahlbeck war, hatte ich längst ge= sehen. Es erinnerte mich in seinem Bau und seiner Take= lage an den Regierungskutter, auf dem ich mit meinem verstorbenen Vater seiner Zeit so manche schöne Fahrt auf den pommersch=rügenschen Gewässern gemacht hatte. Und jetzt war es so nahe, daß ich durch den Krimstecher, den ich selten auf dem Zimmer ließ, die Flagge erkennen konnte: ein Lotsenboot, und dann vermutlich das des Kommandeurs. Nun brauchte ich nicht länger mit meiner Müdigkeit zu kämpfen; eifrig beobachtete ich jedes Manöver des Kutters, der sich im Zickzack vollends herankreuzte und jetzt, immer noch in einiger Entfernung vom Ufer, die Segel reffte und den Anker fallen ließ. Dann wurde die Jolle längsseits geholt, ein Mann in Uniform — jedenfalls der Herr Kom= mandeur — bestieg sie, betrat nach wenigen Minuten die Landungsbrücke und kam, als er den Strand erreicht, ge= radeswegs auf das Kurhaus zu, begleitet von ein paar Herren, die ihn auf der Landungsbrücke erwartet hatten. Einer dieser Herren war mir bekannt; und er muß es ge= wesen sein, der mich dann wieder mit dem Lotsenkomman= deur Friedrich Müller bekannt machte, nachdem die kleine

Gesellschaft auf der Veranda in meiner Nähe sich nieder-
gelassen, ein Glas Wein zu trinken.

Wer „Sturmflut" gelesen hat, weiß, daß dies der große,
von mir so heiß ersehnte Augenblick war, in welchem mir
auf die Fürbitte meiner lieben Heiligen der Held des Romans
beschert wurde.

Außer gewissen andern Eigenschaften, von denen ich alsbald zu sprechen haben werde, befähigte den Mann dazu auch
seine Erscheinung, die ich, bereits ehe ich ihm vorgestellt war,
mit Vergnügen beobachtet hatte: die Gestalt etwas über
Mittelgröße, der man ihre Kraft und Geschmeidigkeit ansah;
ein von einem braunen oder dunkelblonden Bart umrahmtes
männlich schönes Gesicht, aus dessen offenen Zügen Ent-
schlossenheit und Bravheit, Intelligenz und Herzensgüte sprachen.
Besonders imponierte mir der klare feste Blick der großen
blauen echten Seemannsaugen.

An Anknüpfungspunkten zu einem lebhaften Gespräch
fehlte es uns beiden nicht. Kannte ich doch den Schauplatz
seiner Thätigkeit: das Meer zwischen Pommern und Rügen
und die Küsten, die es umschließen, so gut! Mehr als einmal war ich in Begleitung meines Vaters, dem, als Re-
gierungs- und Baurat des Bezirkes, auch die königlichen Lotsen-
stationen unterstanden, in dem Dorfe Thiessow auf der rügen-
schen Halbinsel Mönchgut gewesen, wo jetzt, wie sein Vorgänger, auch der Lotsenkommandeur Müller residierte. Selbstverständlich hatte ich diesen seinen Vorgänger gut gekannt;
mehr noch: der originelle, behaglich rundliche Mann mit der
unverwüstlichen Gutmütigkeit und unerschütterlichen Seelen-
ruhe war für mich das Urbild meines Lotsenkommandeurs
in der Novelle „Auf der Düne" gewesen. Weiter: der
Schauplatz besagter Novelle war die winzig kleine Insel
Ruhden zwischen Mönchgut und der pommerschen Küste, die

man im Scherz meines Vaters Königreich nannte, weil er
sie durch geschickte Bauten und zweckmäßige Pflanzungen
so wacker und erfolgreich gegen die anstürmenden Fluten
verteidigte und so dem Staate eine wichtige Lotsenstation
erhielt, über welche jetzt Friedrich Müller kommandierte,
wie zu meiner Knaben= und Jünglingszeit der gemütliche
prächtige W.

Ich hatte den Kommandeur durch die Anekdoten, die ich
von dem liebenswürdigen alten Herrn zu erzählen wußte —
der, nebenbei bemerkt, auch meinem Landsmann Heinrich Kruse
in seinen köstlichen „Seegeschichten" wiederholt Modell ge=
standen hat — manch behagliches Lächeln entlockt; aber bald
kam ein ernsteres — ein furchtbar ernstes Thema an die
Reihe: die Sturmflut vom Herbst 1872.

Aus Gründen, die der Leser bereits ahnt, war mir dieses
Thema ganz besonders interessant, und ich zweifle keinen
Augenblick, daß ich den Kommandeur darauf hingelenkt hatte.
Selbstverständlich hatte ich alles gelesen, was die Zeitungen
seiner Zeit über das ungeheure Ereignis gebracht; aber hier
durfte ich, ich möchte sagen: aus der Quelle schöpfen. Am
1. November 1872 war Friedrich Müller auf die Lotsen=
kommandeurstelle in Thiessow berufen worden; ein paar
Wochen später kam die Sturmflut. Der Mann durfte be=
weisen, daß man sich nicht in der Person vergriffen hatte,
als man ihm den verantwortlichen Posten anvertraute. Von
dem, was er uns über seine persönliche Beteiligung an den
Ereignissen jener Schreckenstage mitteilte, geziemt mir hier
zu schweigen. Ich müßte fürchten, nach so langer Zeit nicht
mehr sicher in den Einzelheiten zu sein, und erfunden habe
ich auf Kosten des bescheidenen Mannes schon gerade genug.
Ebenso muß ich auf die Auseinandersetzung der interessanten
Theorie verzichten, die er sich von der Entstehung der Sturm=

flut gemacht hatte und nun uns, seinen dankbaren Zuhörern,
zum besten gab. Der Leser findet sie in dem neunten Kapitel des ersten Buches von „Sturmflut", wo ich sie — wie
sie mir im Gedächtnis geblieben war — meinen Helden
Reinhold Schmidt auf Schloß Golm der um die Abendtafel
versammelten Gesellschaft vortragen lasse.

Wie interessant mir der Mann durch das alles schon
geworden war! Und doch sollte das Beste, das Entscheidende,
das, wofür ich ihm Zeit meines Lebens die innigste Dankbarkeit bewahren werde, noch kommen!

Nun weiß ich nicht: waren die beiden Herren, die bis
dahin in unserer Gesellschaft gewesen waren, verschwunden,
oder nur für mich verschwunden, weil ich für niemand sonst
noch Aug' und Ohr hatte, als für ihn allein — an dem
ich mich festgesogen wie die Biene an der Honigblume —
jedenfalls hat sich die Sachlage in meiner Erinnerung so
gestaltet, daß wir einander gegenübersitzen, auf dem kleinen
Tische zwischen uns eine Flasche Röderer carte blanche, aus
der bald er mir einschenkt, bald ich ihm das Glas fülle;
und er erzählt — aber nicht mehr von dem Graus der
Sturmflut, sondern die Geschichte seines Lebens.

Ich frage mich jetzt, wie das möglich gewesen ist nach
einer Bekanntschaft von zwei Stunden. Aber es hat Philosophen gegeben, die behaupteten, daß die Zeit, die immer
war und immer kommt, gar nicht existiere, außer in der Vorstellung der Menschen, die sich ohne diesen Ariadnefaden in
der konfusen Welt vollends verirren würden. Sicher ist sie ein
sehr relatives Etwas, wie jeder Liebende bestätigen wird. Mit
der Freundschaft ist es nicht anders. Auch sie kann einem
allererstem Eindruck ihr Dasein verdanken. Es gehört nur
die Berührung zweier Geister dazu, die sich durchaus sym-
pathisch sind. Das findet nicht eben häufig statt, und in die

Wahl des Menschen ist es nicht gegeben — es ist ein Ge=
schenk des Zufalls, der uns im Leben so viel böse Streiche
spielt und für dies eine Mal ausnahmsweise seine Gebe=
laune hat.

Nun denn, hier hatte er seine Gebelaune, seine aller=
beste, und zwei Männer zusammengeführt, die sich nur in
die Augen zu sehen brauchten, um einer den anderen von
allen Präliminarien der gewöhnlichen Freundschaft zu ent=
binden. Wenn ich eine Million gehabt hätte, dem da mir
gegenüber hätte ich sie ohne weiteres in Verwahrung gegeben,
und wenn er mir nun, wie er es that, die Geschichte seines
Lebens erzählte — was war es anderes als ein Beweis der
herzlichen Zuneigung, die er für mich gefaßt, und ein Votum
unbedingten Vertrauens?

Habe ich dies Vertrauen mißbraucht, als ich die „Sturm=
flut" schrieb? Ich tröste mich mit der Zuversicht, daß Fried=
rich Müller selbst, wenn er — was sicher der Fall gewesen
ist — das Buch gelesen, mich von diesem Vorwurf freige=
sprochen hat. Sind doch die Thatsachen, wie der Leser sich
überzeugen wird, so verwandelt und verschleiert, daß der
wahre Zusammenhang nur den Menschen, die ihm im Leben
nahe standen, klar sein konnte, für alle übrigen aber un=
durchdringliches Geheimnis bleiben mußte. Und nach einer
Seite hätte ich überhaupt gar keine Diskretion zu üben
brauchen: dieser Mann durfte in einem Hause von Glas
wohnen.

Dann war unsere Flasche — es mögen auch ihrer zwei
gewesen sein — zu Ende; er wollte diesen Abend noch nach
Swinemünde; der übrigens günstige Wind hatte stark abge=
flaut, würde sich aber, wie er sagte, später wieder aufmachen.
Jedenfalls mußte geschieden sein. Ich gab ihm das Geleit
bis zum Kopfe der Landungsbrücke. Wir schüttelten uns

die Hände. Er stieg in seine Jolle. Ich blickte ihm nach,
bis er den Kutter erreicht, der schon die Segel aufgezogen
hatte. Er winkte, auf dem Decke stehend, mit der Hand.
Der Kutter drehte in den Wind. Er hatte das Steuerruder
ergriffen; das große Segel schob sich zwischen mich und ihn.
Ich habe ihn nie wiedergesehen. —

Am nächsten Vormittag traf ich meine schöne Freundin
wieder in der Veranda. Sie saß auf ihrem gewohnten Platze
an der Balustrade; das lichtbraune Haar floß ihr, aufgelöst,
in prachtvollen Wellen bis über den Gürtel.

„Aber, mein Gott," sagte sie nach der ersten Begrüßung,
„was ist Ihnen? Sie sehen blaß aus, ordentlich mit Ringen unter den Augen. Haben Sie so schlecht geschlafen?"

„Ich habe gar nicht geschlafen, gnädige Frau."

„Aber Sie sollten es doch und von Ihrem Helden
träumen!"

„Ich habe von ihm geträumt — mit offenen Augen.
Er ist gefunden, gnädige Frau, und der Roman ist fertig!"

Sie sah mich mit ungläubigem Lächeln an.

„Das geht schnell," sagte sie.

„Freilich," rief ich, „denn

,Aus den Wolken muß es fallen,
Aus der Götter Schoß das Glück.'

Haben Sie Zeit und Geduld, mir zuzuhören?"

„Einen Ocean von beiden."

„Nun denn! Ich sagte Ihnen gestern, daß ich mich
schon seit einem Jahre und darüber mit der Idee zu einem
Roman trage, den ich nicht beginnen könne, weil mir der
Held fehle. Heute, da ich meinen Helden sicher habe, darf
ich auch von der Idee sprechen. Sie ist in aller Kürze folgende: ich möchte ein Bild der Verwüstung geben, welche der
Milliardenunsegen in ökonomischer und sittlicher Beziehung

über Deutschland gebracht hat. Den Verlauf, welchen diese
Dinge genommen, habe ich aufs eifrigste studiert aus den
Zeitungen und Broschüren, die aber nicht so wichtig waren
wie die Mitteilungen meiner Freunde: Finanzleute, Industri=
elle, Politiker, die mitten in dem Getriebe stehen und auf
deren Aussagen und Urteil ich mich verlassen darf. Als
Eduard Lasker, mit dem ich, wie Sie wissen, befreundet bin,
am 12. Mai im Reichstag seine prachtvolle Rede gegen den
Gründungsschwindel gehalten hatte, wollte ich ihn zum Hel=
den meines Romans machen, aber ich stand bald wieder davon ab: ein Romanheld darf nicht zu aktiv sein, nicht an
der Spitze der Phalanx marschieren; er absorbiert sonst alles
Interesse, und für die anderen, die man auch gern auf den
Plan bringen möchte und bringen muß, soll man sich in die
nötige epische Breite entfalten können, bleibt nichts oder nicht
genug übrig. Auch sah ich, mit Lasker als Helden, keine
Möglichkeit, die Sturmflut vom Herbste 1872 in meinen
Plan zu ziehen; und davon konnte ich nicht lassen; das war
bei mir zur fixen Idee geworden: der Zusammenkrach des
Gründungsschwindels und die verheerende Flut in einen Zu=
sammenhang zu bringen, trotzdem sie schlechterdings nichts
miteinander zu thun haben, ja selbst der Zeit nach mindestens
ein halbes Jahr auseinanderliegen. Und durch Laskers Rede,
die, wie Sie sich erinnern, eine specifisch pommersch-rügensche
Gründung zum Gegenstand hat, bin ich vollends in meinem
Vorhaben bestärkt; Pommern=Rügen, der Schauplatz der
Sturmflut, muß auch der Schauplatz meines Romans und
‚Sturmflut‘ muß sein Titel sein.

Aber so weit, oder ungefähr so weit war ich bereits gestern
und würde heute noch nicht weiter sein, wäre, nachdem Sie
mich gestern nachmittag verlassen, er nicht gekommen.“

„Wer?“

„Mein Held!"

„Der Herr, mit dem Sie hier, wie ich höre, eine so
wenig kurgemäße Sitzung gehabt haben?"

„Derselbe — und der mir die Geschichte seines Lebens
in großen Zügen erzählt hat, von der das für mich Wichtige
und Entscheidende dies ist: Reinhold Schmidt — Pardon!
in Wirklichkeit heißt er Friedrich Müller — ist 1835 in
Luckau als Sohn eines königlichen Forstmeisters geboren,
hat das Gymnasium seiner Vaterstadt besucht und als Ein=
jähriger bei den Lübbener Jägern seiner Wehrpflicht genügt,
bevor er sich dem Seemannsberufe widmete. Als Kauf=
fahrerkapitän machte er in einer preußischen Ostseestadt die
Bekanntschaft der Familie eines hochstehenden Offiziers und
faßte eine leidenschaftliche Liebe zu der schönen Tochter des
Hauses. Indessen stellten sich der Vereinigung des liebenden
Paares Hindernisse entgegen, die er mir nicht näher be=
zeichnet hat. Es mußte vorderhand geschieden sein. Das
war kurz vor dem Jahre 1870. Im Juli dieses Jahres
lag Müller mit seinem Schiffe im Hafen von Cardiff, im
Begriff, eine lange Fahrt nach einem überseeischen Lande an=
zutreten. Da erreicht ihn die Nachricht vom Ausbruch des
Krieges. Er wartet nicht auf seine Stellungsordre, giebt
sein Kommando in die Hände der Reeder zurück, eilt, so
schnell er kann, in die Heimat, meldet sich bei seinem Re=
giment. „Unser Fritz" selbst war es, der ihm nach der
Schlacht von Wörth das eiserne Kreuz überreicht. Er
macht noch ein halbes Dutzend der Hauptschlachten mit, er=
kämpft sich den Offiziersrang, schließlich auch die Geliebte,
die der Vater jetzt willig den Händen eines Mannes an=
vertraut, von dessen Tapferkeit er sich während des Feld=
zugs mit eigenen Augen überzeugt hat."

„Das ist alles?" fragte die schöne Frau verwundert.

„Das ist alles!" rief ich begeistert, „wenigstens alles,
was ich brauchte: der feste Punkt, auf dem stehend, ich die
Welt, an der mir liegt, aus den Angeln hebe. Gestern
lächelten Sie ungläubig, als ich Ihnen die Tugendes eines
Helden für den Roman aufzählte; jetzt kann ich Sie über=
zeugen — überzeugen von der Kraft, die der Held aus=
strahlt, so mächtig, daß, was gestern im besten Falle Schemen
waren, heute Menschen von Fleisch und Blut sind. Und
damit ist noch nicht genug gesagt: sie sind, weil er ist.
Weil er ist — lachen Sie nicht! — ist sie da, sein ge=
liebtes Mädchen, dem selbstverständlich die Ehre der Mit=
regentschaft im Roman zufällt. Das holde Wesen führt
mir ihren Vater, den General, zu; außerdem ihren Bruder
— er heißt Ottomar, ist Offizier und liebt Ferdinanden,
Onkel Schmidts geniale Tochter. Wer Onkel Schmidt ist?
Aber, gnädige Frau, Reinhold, mein Held, kann doch nicht
allein in der Welt stehen. Einen Vater hat er sich ver=
beten; der würde seine Selbständigkeit zu sehr drücken; er
zieht also einen Onkel vor. Wenn General von Werben —
so heißt er — arm ist — denken Sie an die Hindernisse,
die sich der Vereinigung der Liebenden in der wahren Ge=
schichte entgegenstellten! — so ist Onkel Schmidt desto
reicher; aber noch nicht so reich wie sein Sohn Philipp,
Ferdinandens Bruder, in welchem ich die Ehre habe, Ihnen
den ersten Gründer in meinem Roman vom Gründungskrach
zu präsentieren: den bürgerlichen Gründer. Einen vom
Adel — und der dem bürgerlichen an Verwegenheit noch
über ist — hätte ich schon erwähnen sollen: er tritt, soviel
ich weiß, wenn nicht im ersten, so doch in einem der ersten
Kapitel auf. Es ist Graf Golm. Sie kennen den Grafen
Golm nicht? Aber, Sie sagten mir doch neulich, Sie hätten
Laskers Rede — aber freilich, bei Lasker heißt er anders.

Namen thun nichts zur Sache; und die Sache ist, daß
Graf Golm für die von ihm und Genossen im Interesse
ihrer Güter projektierte pommersch-rügensche Eisenbahn die
Subvention des Staates haben will und haben muß, soll
über die hochgeborene Clique nicht der schmählichste Bankerott
hereinbrechen. Der General von Werben ist gegen das
Projekt, vor allem gegen die Anlage eines Kriegshafens, in
welchem die Bahn auslaufen wird, auf Golmschem Grund
und Boden an der Ostküste Rügens, eben der, welche dem
ersten Auprall einer Sturmflut, wenn sie kommt, ausgesetzt
ist. Und Reinhold Schmidt ist überzeugt, daß sie kommen
wird. Sollte er da nicht gegen das Schwindelprojekt sein
und sich dadurch die bittere Feindschaft des Grafen Golm
um so sicherer zuziehen, als dieser auch sein Nebenbuhler in
der Bewerbung um die Gunst der schönen Generalstochter ist?"

Und so erzählte ich der erstaunten schönen Frau beinahe
den ganzen Roman. Nicht, wie er heute dem Leser als
Buch vorliegt! Zwischen einem Romanplan, wäre er dem
Dichter noch so deutlich, und seiner Ausführung schwebt
noch gar viel! Da sind Ströme zu überbrücken, Abgründe
auszufüllen, Berge abzutragen, an die man nicht gedacht,
von denen man sich nicht hat träumen lassen. Das kostet
unsägliche Geduld, erfordert eine nicht zu brechende Energie.
Aber Geduld und Energie sind Tugenden, die man sich
anerziehen kann und der Romandichter sich anerziehen muß,
oder er mag das Metier nur aufgeben. Und die Ausübung
dieser Tugenden wird ihm nicht allzu schwer werden, so er
nur seinen Helden hat. Dann darf er sich versichert halten,
daß er an dessen starker Hand zum Ziele gelangen wird,
mag der Weg auch noch so lang und beschwerlich sein.

„Glauben Sie nicht?"

„Weshalb sollte ich es nicht glauben, da Sie es mich

versichern, der Sie schon so viel Erfahrung in diesen Dingen haben. Und so wünsche ich Ihnen denn von ganzem Herzen Glück und Segen zu Ihrem Werke."

Der Wunsch der gütigen Freundin ist in Erfüllung ge=
gangen. Ich habe an der „Sturmflut" viel Freude erlebt, die nur durch eines getrübt ist: daß ich dem Manne, dem ich für das Zustandekommen des Werkes so viel, ich möchte sagen alles, verdanke, im Leben nicht noch einmal habe die Hand drücken dürfen.

Zweite Abteilung.

Zur Dramatik.

IX.

Das Drama, die heutige litterarische Vormacht.

Ich bin der erste! — Nein ich! — Ihr Jungen
verdienet es beide;
Aber das seht ihr: zur Zeit kann es der eine
nur sein.

Das Drama ist der Dichtungsarten vornehmste. Aristo=
teles hat es betretiert. In der beträchtlichen Zeit, welche
seitdem vergangen, haben es ihm so viele gedankenvoll und
gedankenlos nachgesprochen, daß, wagt heute jemand an der
strikten Wahrheit des Satzes zu zweifeln, er — wie es in der
Jobsiade heißt — „ein allgemeines Schütteln des Kopfes
erregt". Nun mag man vom ästhetischen Standpunkt über
die Sache denken, wie man will — auch der energischste
Zweifler an der größeren künstlerischen Würde und Heiligkeit
des Dramas wird einräumen müssen: in der Schätzung des
Publikums von heute (vielleicht aus ähnlichen oder denselben
Gründen wie in der der Athener, für die Aristoteles seine
„Poetik" schrieb) nimmt es die höchste Stelle ein, gerade so,
wie die junge Litteratur selbst es auf den Schild gehoben
hat. Ist doch unter ihren vornehmsten Repräsentanten kaum
einer, der nicht entweder für das Theater ausschließlich ar=
beitete, oder doch den Schwerpunkt seiner dichterischen Thätig=
keit in die dramatische Produktion legte. Gerhart Haupt=
mann hat außer einigen novellistischen Kleinigkeiten bis jetzt
nur Dramen geliefert; Hermann Sudermann, der seine
Laufbahn mit ein paar recht erfreulichen Romanen begann,
verdankt doch seinen Ruf nicht diesen, sondern seinen Dramen,

15*

welche erst, rückwärts wirkend, seine novellistischen Erstlinge
aus dem relativen Dunkel heraushoben. Ähnliches läßt sich
von den anderen Autoren sagen, deren Namen den Theater=
gängern von heute am geläufigsten sind. Mischt sich in die
Schar derer, die um die dramatische Palme ringen, einer
und der andere von den älteren Schriftstellern, so scheint
diese Ausnahme die Regel nur zu bestätigen: das Haupt=
kontingent stellen die jüngern und jungen Autoren.

Dabei ist nichts zu verwundern. „Schnell fertig ist die
Jugend mit dem Wort," und wenn das Wort durch die
Akustik der Bühne einen besonders sonoren, sich in Ohren
und Herz schmeichelnden Klang gewinnt, desto besser. Schnell
fertig ist die Jugend auch mit dem Schluß von dem einzelnen
Fall, wie ihn das Drama immer nur behandeln kann, auf
das Allgemeine; und wenn sie glücklich an einem Beispiel
gezeigt hat oder zu haben glaubt, daß der Sohn seine Ge=
brechen vom Vater überkommen, so sagt sie nicht etwa: dies
kann unter anderem sein, sondern meint ganz treuherzig, das
Gesetz der Vererbung endgültig auf einem rocher de bronze
stabiliert zu haben. Und war Ehrgeiz immer die berechtigte
Eigentümlichkeit strebender Jugend und ist er dies vielleicht
doppelt und dreifach in unsrer schnelllebigen Zeit — wie
schwer sind nicht die Mittel zu erwerben, durch die der Ro=
mancier, der Novellist zu den Höhen ihrer Kunst und der
Gunst der Leser hinaufsteigen! wie verhältnismäßig leicht sind
oder scheinen doch die, durch welche der Theaterdichter sich
die Herzen seines Publikums günstigen Falls im Sturm
erobert! „Soll und Haben" hat Freytag zu einem berühm=
ten Mann gemacht; aber wahrlich nicht von heute auf morgen.
Für den Dramendichter ist es selbst in dem bedächtigen
Deutschland möglich, daß er heute als ein dunkler Ehren=
mann aufsteht und sich noch an demselben Tage als einer

niederlegt, dessen Name morgen früh in aller Mund sein
wird. Und das durch ein Werk, welches vielleicht ein halbes
Dutzend Druckbogen füllt, und an dem er möglicherweise so
viele Wochen gearbeitet hat, als der Romancier Monate an
dem seinen. In den Eingang einer Arena, an deren Aus=
gang solche Preise winken, wird sich die Jugend immer zu=
meist drängen.

Dazu hat sie eines, was sie zu diesem Kampfe noch be=
sonders befähigt, ja, die conditio sine qua non eines Er=
folges auf dem Gebiete ist: die unverbrauchten, kräftigen
Nerven, die Hitze und den Staub der theatralischen Arena
auszuhalten. Wie drückend diese Hitze, wie atembeklemmend
dieser Staub, wissen nur die, welche es schaudernd an sich
selbst erfahren. Das Klopfen an die Thüren der Rhada=
mantus, genannt Theaterdirektoren, bei denen auf ein schroffes
Herein! nur allzuoft ein noch schrofferes Hinaus! erfolgt;
die bange Sorge vor dem Prokrustes von Regisseur, der das
um so viel zu lange, oder so viel zu kurze corpus dramatis
in den Rahmen seines dreistündigen Theaterabends zwängt
oder reckt; der Graus der „Arrangierprobe"; das Fegefeuer
der Spielproben, in denen der Autor belehrt wird, daß seine
vorgefaßte Meinung von der Weise, wie die betreffenden
Rollen genommen werden sollten, das gleichgültigste Ding
von der Welt ist; die verhängnisvolle Rhobus der Première,
wo nun endlich getanzt wird und so oft statt der erhofften
schmeichlerischen Geigentöne jene fürchterlichen „Pauken und
Trompeten" erschallen; das hitzige Fieber des lendemain mit
seinem Kreuzfeuer lobender, nörgelnder, „reißender" Kritiken
— wer das über sich ergehen, mehr als einmal, vielleicht
sogar oft über sich ergehen lassen kann, dessen Brust muß
mit dem aes triplex nervenstarken Jugendmutes gepanzert
sein. Findet sich dieser Jugendmut noch bei Leuten, über

deren Scheitelhaar die Flucht der Jahre keineswegs machtlos
hingezogen, so sind sie entweder von der Woge dauerndes
Erfolges getragen, oder erfüllt von der chimärischen Hoffnung,
durch ihre Hartnäckigkeit den Widerstand der stumpfen Welt
schließlich doch zu besiegen, und, so, oder so, gegen die
Schrecken des Metier abgestumpft, wie ein Anatom gegen
die des Todes.

Daß diese sich in die dramatische Arena stürzende Jugend
fast ausnahmslos unter dem Zeichen des Realismus, resp.
des Naturalismus kämpft, bedarf, wie die Lage der ästhe=
tischen Dinge zur Zeit bei uns ist, keiner ausdrücklichen Ver=
sicherung. Ist diese Lage doch nicht bloß bei uns so und
keineswegs zuerst bei uns so gewesen. Im Gegenteil! Nach
uralter deutscher Gepflogenheit ließen wir erst die Litteraturen
der anderen Kulturnationen den beschwerlichen Pionierdienst
leisten: Laufgräben aufwerfen, Minen legen, Mauern und
Wälle in die Luft sprengen, den so geschaffenen Trümmer=
haufen vielleicht bereits wieder verlassen, bevor wir uns daran
gaben, unsrerseits die Festung zu erobern. Wer die Ent=
wickelung der Dinge verfolgt hat, weiß, wie lange die Pro=
pheten Ibsens, Tolstois, Zolas Prediger in der Wüste bei
uns gewesen sind, bis es ihrer Unermüdlichkeit gelang, eine
kleine Gemeinde um sich zu scharen, die dann wieder ihre
eifrigen Apostel in alle deutschen Lande schickte, und so, per
fas et nefas, aus der ecclesia pressa eine Kirche wurde,
die, wenn man der Botschaft glauben darf, ihr triumphieren=
des Banner über eine zum alleinseligmachenden Naturalismus
bekehrte reuige Welt schwingt.

Wobei nur eines merkwürdig ist.

Bekanntlich gehört zu den Fundamentallehren des Natu=
ralismus, wie sie Zola, sein Papst in dem Buche „Le roman expérimental" dekretiert hat, daß der Dichter von heute

sich von dem Manne der Wissenschaft nur noch durch die Form unterscheide: „Je ne puis que répéter ce que j'ai dit: si nous mettons la forme, le style à part, le romancier expérimentateur n'est plus qu'un savant spécial, qui emploie l'outil des autres savants: l'observation et l'analyse. Notre domaine est le même que celui du physiologiste, si ce n'est qu'il est plus vaste."*) Dieser größere Umfang der dichterischen Domäne ist nämlich die dem Poeten gegebene Erlaubnis, da, wo der Mann der Wissenschaft an seiner Grenze angekommen zu sein bekennt und über dieselbe hinaus sein: ignorabimus spricht, „exercer notre intuition et précéder la science, quittes à nous tromper parfois, heureux si nous apportons des documents pour la solution des problèmes."**)

Nun hat sich freilich Zola in den Augen der Naturalisten von der strikten Observanz um seine Heiligkeit, oder doch um derer gutes Teil gebracht gerade dadurch, daß er von der in dem corollarium zu seinem Hauptsatze gewährten Erlaubnis einen zu ausschweifenden Gebrauch machte und der Intuition gegenüber dem Unbekannten einen zu großen Spielraum gestattete; aber eben durch sein abschreckendes Beispiel die eifersüchtige Alleinherrschaft des Fundamentalsatzes in das klarste Licht gesetzt. Die denn auch kein echter Naturalist anzutasten wagt, vielmehr kühn behauptet: kein Dichter, der nicht in die Physiologie der Liebe (um keinen deutlicheren Ausdruck zu gebrauchen) wissenschaftlich eingeweiht ist, dürfe heutigen Tages wagen, die Liebe zu schildern. Als ob ein junger Docent der Anatomie, wenn er sonst Romeoblut in den Adern hat, seine Julia anders lieben würde, als der Sohn der Montagus die seine!

---

*) Le roman expérimental p. 48.
**) ibid p. 51.

Aber gesetzt, die Sache verhalte sich, wie die junge Schule behauptet, und die Wissenschaft, anstatt die ihr angebotene Helfershelferrolle der Dichtkunst, wie sie es zu thun pflegt, lächelnd, oder unwillig zurückzuweisen, acceptierte sie mit tausend Freuden, so will mir doch scheinen, daß gerade die Bühne der am wenigsten geeignete Ort sei, die naturalistische Doktrin zu realisieren. Das Drama kann sich seiner Natur nach nur immer mit einem Einzelfall befassen, und was ist wissen= schaftlich mit einem solchen groß bewiesen? Die Wissenschaft freilich würde ja auch mit dem kleinen Gewinn vorliebnehmen, wäre sie nur wenigstens des Beweises sicher. Aber wie wäre der in dem engen dramatischen Rahmen überzeugend zu er= bringen? wie allen Nebenumständen die gebührende Rechnung zu tragen? wie das Milieu, aus dem die handelnden Per= sonen wachsen und dessen Produkt sie sind, in seiner Voll= ständigkeit vorzuführen? Zu dem allen scheint doch höchstens der Roman den nötigen Ellbogenraum zu bieten, nimmer= mehr aber das Theater, auf dem vielmehr die Gefahr, es werde die naturalistische Doktrin in die Brüche gehen, kaum vermeidlich scheint.

Und auch wirklich in den meisten Fällen nicht vermieden wird. In dem heißen Bemühen, dem famosen Milieu, auf das sein Erfinder Taine in den wissenschaftlichen Untersuch= ungen einen nicht zu unterschätzenden, von ihm selbst nur vielleicht etwas überschätzten Wert legt, auch im Drama ge= recht zu werden, geben die jungen Dichter an dessen Heraus= gestaltung nicht selten ihre ganze Kraft. Mag ein Neben= umstand mit der Handlung in noch so entferntem Zusammen= hange stehen, sobald er in den Gesichtskreis des Dichters gekommen ist, muß er ins Treffen geführt werden. Die Verwechselung der dramatischen mit der epischen Kunst, auf die ich bereits oben hindeutete, tritt dabei manchmal auf das

ergötzlichste zu Tage. So in der Kleinkrämerei der sceni=
schen Anweisungen in usum der Regisseure und Schauspieler.
Da wird uns kein kleinstes Möbel, kein Kaffeetassenuntersatz
geschenkt. Der Stand der Sonne, die atmosphärische Stim=
mung, ein Blumenduft, der durch das Zimmer weht — das
alles sind Dinge von immenser Bedeutung. Da wird jeder
Person ihre minutiöse Schilderung mit auf den Weg ge=
geben: ob sie lang oder kurz, dick oder dünn ist; ob ihr
Schädel breit oder oval: welchen Ausdruck ihre Physiognomie
in der Ruhe, welchen sie in der Bewegung zeigt; und daß
sie beim Gehen, Stehen, Sprechen, Lächeln diese oder jene
Gewohnheit hat. Man möchte den Herren immer zurufen:
wenn euch diese Dinge schon einmal so ans Herz gewachsen
sind, schreibt doch nur gleich Romane und Novellen, wo ihr
in dergleichen epischen Details schwelgen könnt!

Und bliebe es bei solchem Gebaren, in dem man ja
etwa einen entschuldbaren jugendlichen Übereifer des Dichters,
seine Intentionen möglichst klar zu machen, erblicken könnte;
aber diese Schilderungssucht fließt aus einer tieferen und
trüberen Quelle. Die Sache nämlich ist — es kann nicht
scharf genug darauf hingewiesen werden — daß die natura=
listische Doktrin, der Dichter solle nur eben der Helfershelfer
der Wissenschaft sein, bei dem Roman — siehe Zola! —
noch so ungefähr ihre Rechnung findet; infolgedessen diese
der Form nach dramatischen Dichter ganz wesentlich episch
sehen und ihre sogenannten Dramen sehr oft nur dramati=
sierte Romane, respektive letzte Romankapitel sind. Ich habe
das in einem andern Zusammenhang an dem eklatanten Bei=
spiel von Ibsens „Nora" nachzuweisen gesucht;*) ein Be=
weis, der sich aber auch an einer ganzen Reihe der Stücke

---

*) Beiträge zur Theorie und Technik des Romans. S. 295 ff.

desselben Autors mit gleicher Evidenz führen ließe. Über=
all in diesen Dramen: in „Rosmersholm“, „Wildente“,
„Frau vom Meere“ u. s. w. eine lange Vorgeschichte, die
wir durchaus kennen müssen, sollen uns diese höchst kompli=
zierten Menschen in den höchst komplizierten Verwickelungen,
in welchen der Dichter sie uns vorführt, klar werden. Eine
lange Vorgeschichte, die dann der Dichter, der die Notwendig=
keit davon wohl fühlt, nun hinterher im Drama zu rekapi=
tulieren sucht, ohne doch — bei der Sprödigkeit der drama=
tischen Form gegen den epischen Stoff — seinen Zweck zu
erreichen. Das ist — abgesehen von Ibsens Tic, dem
Publikum zu raten zu geben — der ganz wesentliche Grund
der Dunkelheiten, durch die wir so oft in seinen Dramen
ratlos tappen, und die uns seine Schüler als ebensoviele
Beweise meisterlichen Tiefsinns aufzureden suchen.

Daß in dieser knechtischen Anbetung des alleinseligmachen=
den Milieu die Achtung vor dem dramatischen Helden und
der dramatischen Handlung, deren Hauptträger eben der Held
ist, Schaden leiden, wenn nicht untergehen muß, läßt sich
voraussehen; und in der That haben denn auch manche
Dramen der Schule mit dem, was man sonst unter einem
Drama verstand, nur noch eine äußere Ähnlichkeit. Da giebt
es keinen Helden mehr, sondern — im besten Falle — eine
Hauptperson. Da ist nicht mehr von einer Handlung zu
sprechen, höchstens von Geschehnissen, die in dieser oder auch
in einer anderen Reihenfolge vor sich gehen können. Manch=
mal verzichten diese Dichter auch auf die Hauptperson und
lassen es bei den Geschehnissen bewenden. In einem solchen
Falle kann, weil es an einem Mittelpunkt fehlt, von einer
pragmatischen Folge dessen, was da auf der Bühne vorgeht,
erst recht keine Rede sein. Es ist, als ob wir aus der
Vogelperspektive auf eine Stadt hinabblickten, in der die

Dächer der Häuser abgedeckt sind, so daß wir die Bewohner in ihrem Thun und Treiben beobachten dürfen, wobei es völlig gleichgültig ist, ob wir die Beobachtung bei der Wohnung Nr. 1 beginnen und bei der Nr. X aufhören, oder umgekehrt.

Man muß sich dabei immer wieder fragen: ist das nun bloße doktrinäre Schrulle? ist es dramatische Impotenz? Die Frage ist nicht auf einmal, sondern nur von Fall zu Fall zu entscheiden, je nachdem der Autor anderweitig sein dramatisches Talent dokumentiert, (wozu er auch in Stücken, wie die geschilderten) immer Gelegenheit haben wird, oder nicht. Im ersteren Falle wird man geneigt sein, mit Ophelia zu klagen: „O, welch ein edler Geist ist hier zerstört!", in dem andern mit Hamlet sagen: „Geh in ein Kloster!", oder betrachte wenigstens das Publikum nicht als ein corpus vile, an ihm deine problematischen Experimente zu machen!

Aber ob nun Schrulle oder Impotenz — dieses Spielen mit der dramatischen Form zu Zwecken, die ganz anderswo liegen, ist eine Thatsache, die bereits angefangen hat, sich zu einem Dogma der Schule zu verhärten. Wo und wann, fragen ihre Jünger, haben sich je in der Natur (d. h. der menschlichen Gesellschaft, welche in diesem Falle die zuständige Natur ist) geschlossene Handlungen abgespielt, wie sie das alte Drama uns vorführt nach dem Schema Gustav Freytags: Einleitung, erregendes Moment, Steigerung, tragisches Moment, fallende Handlung, letzte Spannung, Katastrophe? Wo und wann in der Wirklichkeit hat sich je auf einem so beschränkten Raum, in einer so knapp bemessenen Zeit diese Fülle der Geschehnisse aufgehäuft, die ihr uns vorfabelt? Wann und wo sind die Leute immer so à propos gekommen und gegangen, wie ihr sie kommen und gehen laßt? Wann und wo haben sie je mit diesen wohlgesetzten Worten, in

diefen abgerundeten Sätzen gesprochen, mit denen, in denen
sie bei euch sprechen? Das alles ist ja bare Unnatur! Das
alles muß von Grund aus verändert werden! Schreiben
wir deshalb Stücke in einem Akt, der sich von selber spielt,
also daß wir nicht in die Sünde des Komponierens verfallen können; lassen wir unsere Menschen reden, wie ihnen
der Schnabel gewachsen ist; vor allem keine Monologe
halten, durch die ihr eure sogenannten Menschen zu Fieber-
kranken oder Tollhäuslern macht!

Ganz wohl! Nur daß die Herren ihrer selbst, sie wissen
nicht wie, spotten; nur daß, sobald sie auch nur die Hand
an die Maschine legen, die sie meistern zu können glauben,
diese, die unberufenen Meister meisternd, ihren altgewohnten,
nach immanenten Gesetzen der Kunstgattung geregelten Gang
beginnt, und sich herausstellt, daß ein Akt gerade so komponiert sein will, ein gerade so künstliches Arrangement
erfordert, wie fünf Akte. Und gar die Sprache! Die
Sprache, auf deren „Natürlichkeit" die junge Schule ein so
ungeheures Gewicht legt, die völlig der „Wahrheit" angepaßt
zu haben, sie sich als ihren höchsten Triumph anrechnet!
Nun ja, Lessing und Schiller haben von dem (nebenbei
recht oft für die Uneingeweihten unkontrolierbaren) Dialekt
einen weniger ausgiebigen Gebrauch gemacht; die Rede ihrer
Menschen nicht durch fortwährend eingestreute Ahs und Ohs
zerstückt; auch manchmal Sätze geschrieben, die mehr als
drei Worte enthielten und sich auch meistens eines Subjekts
und Prädikats erfreuten; aber hat man sich, die Schönheit
der Sprache opfernd, der Natur und Wahrheit nun wirklich
so ersichtlich genähert? Ich muß dabei immer an die Anekdote von jenem jüdischen Schächter denken, der sein Messer,
wie es das Ritual erfordert, schartenlos geschliffen zu haben
glaubte, und dem der weise Rabbiner es unter einem Ver-

größerungsglase zeigte, wo dann die schartenlose Schneide wie eine Säge erschien. Sich mit der Natur in einen Wettlauf einlassen, ist immer mißlich — sie hat einen gar zu langen Atem. Und die Sache wird absurd, wenn die Konkurrenz ebenso zweckwidrig, wie aussichtslos ist. Die Zwecke der Natur und der Kunst decken sich nun und nirgends. Die Natur ist ohne die Kunst noch immer sehr gut fertig geworden; und wenn die Kunst in Naturnach= ahmung aufgeht, ist sie nichts weiter, als eine Natur aus zweiter und — toter Hand, wofür jedes Panoptikum die schauerlichen Beweise liefert.

An die Schauer des Panoptikums erinnert diese neueste Kunst aber auch sonst mit ihrer Vorliebe für die Schatten= und Nachtseiten des Menschentreibens, in welcher sie sich eins weiß mit der Stimmung eines Publikums, das von nervöser Unruhe durchwühlt ist angesichts so vieler sich heran= drängender ungelöster Probleme und der pessimistischen Weltanschauung, welche aus dieser Unruhe aufsteigt, wie grauer Nebel aus einem gärenden Sumpfe. Man sollte oft meinen, daß diese jungen Autoren entsetzliche Verbrechen auf dem Gewissen hätten, und sich aus der Tiefe ihrer zer= knirschten Seelen herausgedrungen fühlten, dem Publikum zuzurufen: „Und habe die Sonne nicht zu lieb, und nicht die Sterne! komm, folge mir ins dunkle Reich hinab!" Aber kein Blutbann liegt auf ihnen; sie haben mit der Polizei nichts zu schaffen (außer wenn sie ihnen die Auf= führung ihrer Stücke verbietet); sie sind wahrscheinlich lebens= frohe Gesellen und nur noch in dem glücklichen Alter, in welchem man sich den Luxus des Pessimismus ungestraft gewähren kann. Da sind denn die Propheten des Welt= elends, Schopenhauer und Hartmann, die rechten Philosophen; und wenn dem einzelnen auch Zarathustra ins Ohr raunt,

daß er für sein Teil keineswegs zu der „Herde" gehört,
sondern eher ein „Übermensch" ist, so fühlt er erst recht
die Verpflichtung, der misera plebs ihren traurigen Standpunkt klar zu machen. Dazu kommt ein Handwerksvorteil,
den diese Künstler — ich gebe zu, völlig unbewußt — doch
nach Möglichkeit ausbeuten: der Vorteil nämlich, daß ein
brutales Gesicht weit leichter zu zeichnen ist, als ein ideales;
das Laster sehr viel müheloser zu malen, als die Tugend;
Gemeinheit der Gesinnung, Roheit der Sitte sich der Nach-
ahmung williger bieten, als Adel der Seele und Feinheit
der Umgangsformen; die Sprache eines Hausknechts viel
bequemer getroffen wird, als die eines Tellheim; die einer
Dirne, als einer Minna von Barnhelm. Und so beruht
denn auch die anerkennenswerte „Naturwahrheit", mit der
jetzt auf unseren Bühnen fast durchgängig Komödie gespielt
wird, ganz wesentlich auf dem Umstande, daß die Künstler
die Modelle für die darzustellenden Personen in jeder Kneipe,
jeder Küche, auf jeder Gasse finden können; und überdies,
wenn sie sich bei dem Kopieren ihrer unschönen Urbilder
Übertreibungen zu schulden kommen lassen, das seinem
größten Teil nach aus gebildeten und deshalb in der Frage
inkompetenten Leuten bestehende Publikum es gar nicht einmal merkt, ihnen vielmehr die Verletzung der Naturbescheiden-
heit als ein Extraverdienst anrechnet.

Habe ich bisher des Publikums nur im Vorübergehen
Erwähnung gethan, so ist es nicht, weil ich seinen Einfluß
in der Angelegenheit gering schätzte. Produktion und Kon-
sumption sind hier, wie auf dem ökonomischen Gebiet, die
Faktoren, aus welchen das Produkt — in diesem Fall: das
dramatisch-theatralische Getriebe — hervorgeht. Die Dichter
werfen sich auf das Drama, weil sie wissen, daß die Nach-
frage unersättlich ist; das Publikum wird durch die Reich-

haltigkeit und Mannigfaltigkeit der Produktion immer von
neuem gereizt, sich seine Lieblingsspeise auftischen zu lassen.
Und Lieblingsspeise ist ein schiefer Ausdruck. Es handelt
sich hier um die Stillung eines wirklichen Bedürfnisses, das
aus einer mächtigen Quelle entspringt, die aus verschiedenen
Wassern gemischt ist, welche nicht alle gleich reinlich, und
von denen die weniger reinlichen vielleicht die stärkeren.

Freilich die Analyse ist schwer. Wer will herausrechnen,
wieviel Prozent ernster, ehrlicher Teilnahme bei dem Publi=
kum einer Première vorhanden sind; wieviel der bloßen
Vergnügungssucht, der blanken Neugier, des frivolen Wun=
sches, „auch dabei gewesen zu sein"? Wer kann mit Be=
stimmtheit sagen, weshalb ein würdiges Stück nach ein paar
Aufführungen abgesetzt wird? ein anderes, ganz unwürdiges,
deren hunderte erzielt? Die Kritik ein Stück, das dem
Publikum bei der ersten Aufführung zweifellos gefiel, tot
machen kann? ein anderes, trotzdem sie über ihm den Stab
gebrochen, sehr behaglich weiter existiert?

Man darf die ernste, ehrliche Teilnahme, die ich als
erstes Motiv genannt habe, durchaus nicht unterschätzen.
Gewiß giebt es eine nicht kleine Gemeinde, der die dramatische
Litteratur und die Schauspielkunst eng ans Herz gewachsen
sind; die jeden reellen Erfolg als eine für die gute Sache
gewonnene Schlacht nimmt, über die sie ein Triumphlied
anstimmt, wie ein Klagelied, wenn sie sich wieder einmal in
ihrer Hoffnung getäuscht sieht und ein Fiasko zu verzeichnen
hat. Aber diese Gemeinde ernsthaft zu nehmender Lieb=
haber möchte doch nicht eben groß sein. Jedenfalls nicht
so groß und in sich so kompakt, wie in früheren Zeiten,
wo das Theater das Interesse der Gebildeten fast aus=
schließlich beherrschte; einziges Organ der öffentlichen Mei=
nung: Rednertribüne, Kanzel, Presse — alles auf einmal

war. Jenes innige Verhältnis, das damals zwischen dem Publikum und den Produzenten (Dichtern und Schauspielern) stattfand; jenes eindringende Verständnis, das aus der stetigen, herzlichen Teilnahme resultiert — sie sind, wenigstens in den Großstädten von heute nicht mehr möglich. Wie sollten sie es auch sein in einem aus einer kleinen Zahl wirklicher Liebhaber und einem überwältigend großen Kontingent von bis ans Herz kühlen, nebisierenden Müßiggängern, kokettierenden Müßiggängerinnen und durchreisenden Fremden bunt zusammengewürfelten, beständig wechselnden Publikum! Das Bedenklichste dabei ist: eben dieses Publikums mehr als verdächtiges Votum ist maß- und ausschlaggebend für den ganzen dramatischen Markt. Was es approbiert, wird die Runde durch alle Provinzialstädte machen; was es verworfen, hat nirgends einen vollen Kurs. Es giebt da Ausnahmen — ich weiß es wohl; aber die Regel ist es.

Und doch muß man dieser ästhetischen misera plebs, die jede Großstadt des Abends, sozusagen, aufs Pflaster setzt, ihr Vergnügen irgendwo zu suchen, ein Gutes nachsagen, durch das freilich ihr moralischer und ästhetischer Wert nicht erhöht wird: die Theater könnten ohne den von ihr erhobenen reichlichen Tribut nicht leben; und so kämen auch sie, die in dem Theater mehr sehen als ein Vanity fair, um den ihnen so schon spärlich zugemessenen Genuß. Denn gerade sie sind selten in der ökonomischen Lage, die teuren Theaterbillets häufiger bezahlen zu können, so daß man ohne Übertreibung sagen darf: es sind ganze Stände — und gerade die, bei welchen die Bildung des Geistes am eifrigsten kultiviert wird — vom Theaterbesuch so gut wie ausgeschlossen. Welcher immense Schaden dadurch der dramatischen Sache erwächst, liegt auf der Hand.

Oder wie sollte sich die gerechte Würdigung eines neuen

Stückes herstellen, wenn das Urteil in den Händen von
Leuten liegt, die für ihre ästhetische Bildung nie etwas
Ernstliches gethan haben, und die kompetenten Richter bei
der Aufführung fehlen; das Stück besten Falls erst hinterher
durch die Lektüre kennen lernen, wenn die öffentliche Meinung
feststeht und sie zu berichtigen kaum noch möglich ist!
Und die fachmännische Kritik?
Ich habe vor ihr alle geziemende Achtung; aber unbe=
dingt verlassen möchte ich mich auf sie nicht. Oft — nur
zu oft! — steht der Kritiker, wenn er noch so gewissenhaft
ist, keinem zuliebe, keinem zuleide sein Urteil fällen
möchte, im Bann der ästhetischen Richtung, der er zuneigt;
der Schule, aus der er hervorgegangen. Um so sicherer,
als er ein jüngerer Mann ist, der noch gar keine Zeit ge=
habt hat, sich einen Schatz eigener Erfahrungen zu sammeln,
sein Urteil durch reifes Nachdenken zu klären. Es entsteht
dann für ganze kritische Kreise ein Zustand, wie beim Tisch=
rücken, wo die Manipulierenden den Tisch von einer höhern
Macht geschoben glauben, während sie doch selbst die Schie=
benden sind unter dem Einfluß eines leisen, von ihnen
faktisch nicht wahrgenommenen Druckes, der vom Nachbar
zur Rechten (oder Linken) ausgeht, der wieder von seinem
Nachbar zur Rechten (oder Linken) influiert wird u. s. w.,
die ganze Runde herum.
So gilt denn, was ich oben von der dramatischen Pro=
duktion sagte: daß sie schnell fertig sei mit dem Wort, auch
von ihrer Kritik, und beide begegnen sich darin mit der
Neigung und dem Geschmack des Publikums. Gerade der
knappe Rahmen, in welchen der Dramatiker sein Gemälde
spannen muß, ist es, was in den Augen des Publikums
ein Vorzug ist, dessen der Roman, der soviel weiter aus=
holen muß, ermangelt. Hic Rhodus, hic salta! Hier wird

die Frage gestellt, hier wird sie beantwortet; vielleicht nicht
gründlich, erschöpfend — ein Narr, der das verlangt! Er
würde dem Schwärmer von 1848 gleichen, der die sociale
Frage gelöst sehen wollte, „und wenn man auch die ganze
Nacht darüber diskutieren müßte." So naiv ist keiner mehr.
Es genügt, sich über das Thema, das an der Tagesordnung
ist, mit einem Manne unterhalten zu haben, der es uns
von einer neuen Seite zu zeigen, in eine neue Beleuchtung
zu rücken verstand. Verstand er es nicht; machte er nur
den Versuch dazu, der kläglich mißlang, nun, so hat man
schlimmsten Falls ein paar müßige Stunden verloren und
die Genugthuung, den anmaßlichen Menschen verdienterweise
ausgezischt zu haben. Nur eine frische Emotion! Je
prickelnder, nervenaufregender, desto besser!

Bei diesem mißlichen Stande der Dinge ist es doppelt
erfreulich, daß wir trotz alledem von einem Aufschwung des
deutschen Theaters reden und auf eine längere Reihe dramatischer Produktionen blicken können, deren großer Ruf
vollauf begründet ist.

Wobei dann freilich ihre Autoren nicht vergessen wollen,
wie sie von der Woge der Zeitströmung getragen werden;
wie willig der Wind des Tagesgeschmacks in ihre Segel
bläst; wie günstig für sie der momentane Stand der Sonne
der Volksgunst ist! Haben sie eine dramatische Schlacht, ja,
nur ein kleinstes Scharmützel gewonnen, verkünden es die
Tagesblätter, der Telegraph schon am nächsten Morgen
urbi et orbi. In der Gesellschaft, soweit sie nicht völlig
für ästhetische Interessen abgestorben, oder (wie wir oben
sahen) von der lebendigen Teilnahme an diesem Genuß
ausgeschlossen ist, spricht man von ihren Leistungen.

Dazu rechne man die Begünstigung, welche die theatra-
lische Kunst, als eine schmuckhafte (gerade wie die bildenden

Künste) von oben herab erfährt; wieviel Tausende jährlich
auf ihre reichere Ausstattung verwendet werden, die dann
doch indirekt auch wieder der dramatischen Produktion zu
gute kommen. Wie diese selbst wieder, ebenfalls von oben
herab, sobald sie den dort beliebten Tendenzen sich gefügig
erweist, protegiert wird, was ja wohl nicht immer zu ihrem
Seelenheil gereichen mag, immerhin doch ihr weltliches Ansehen erhöht und ihr nach höheren Regionen schielende, oder
auch nur herdenmäßig einem Anstoß gehorsame Scharen
zuführt. Wie man weiter die Produktion durch periodisch
verteilte Preise zu ehren und aufzumuntern sucht. Wie groß
der Raum ist, der ihr in den Feuilletons der Tagesblätter
eingeräumt wird. Wie stattlich die Zahl von Revuen,
Monatsschriften, die sich ganz ihrem Dienste widmen.
Wieviel bereits die höheren Klassen der Gymnasien für ihr
Verständnis durch Kommentationen unserer Klassiker, durch
Stellung von Thematen über dramatische Dinge u. s. w. thun.
Welche beredten und begeisterten Lobredner und Interpreten
die dramatische Kunst auf den Kathedern der Universitäten
findet.

Da kann man sich denn nicht wundern, wenn sie heute
eine ecclesia triumphans zu sein sich rühmen darf, und,
ohne jegliche Ironie, nur wenn man dem, „was ist“ die
Ehre giebt, als litterarische Vormacht bezeichnet werden muß.

X

Otto Erich Hartlebens „Hanna Jagert“.

Hanna, du treibst es gar arg! Du gehst
davon mit dem Dritten;
Aber wer steht uns dafür, daß bei dem
Dritten es bleibt?

Ich hatte mir vorgenommen, bei diesen dramaturgischen Versuchen die Inhaltsanalysen, wenn irgend möglich, wegzulassen, da ich die Bekanntschaft des Lesers mit dem betreffenden Drama, sei es von der Bühne her, sei es durch Lektüre, wohl voraussetzen darf. Beides nun dürfte bei „Hanna Jagert“ nicht zutreffen: jedenfalls ist das Stück nicht eben häufig gegeben. Dennoch ist es so charakteristisch für die Tendenzen und die Manier der jungen Schule, daß es eine ausführliche Besprechung durchaus verlohnt, der ich denn aus dem angegebenen Grunde eine Inhaltsangabe vorausschicken muß.

Hanna Jagert, die Tochter fleißiger und ehrbarer Handwerksleute, hat sich früh in die socialdemokratische Bewegung geworfen und vor allem in den Frauenversammlungen als erfolgreiche Rednerin eine hervorragende Rolle gespielt. In diesen ihren Bestrebungen ist sie unter anderen einem jungen Schriftsetzer Konrad Thieme begegnet, und hat für diesen „Genossen“ eine Verehrung empfunden, die er wegen seines „ehrlichen, unerschütterlichen Mannesmutes“, seines „festen Glaubens“ an die demokratischen Ideale auch vollauf — in socialdemokratischen Augen wenigstens — verdient. Schließlich ist sie seine Verlobte geworden, ohne daß „leidenschaft-

liche Gefühle", die sie sich „nun einmal versagt" glaubt,
ihr Herz bewegt hätten. Konrad wird zu drei Jahren Ge=
fängnis verurteilt; aber bereits nach zwei Jahren begnadigt.
Das Stück beginnt am Abend des Tages seiner Freilassung.
Er findet die Braut nicht, wie er sie verlassen hat. Die
alten Ideale gelten ihr nichts mehr. Sie hat entdeckt, daß
man, bevor man für das Allgemeinwohl arbeitet, erst selbst
einmal etwas Tüchtiges aus sich machen müsse. Diese Ent=
deckung ist ihr durch einen anderen vermittelt. Lassen wir
sie selber sprechen: „Vor einem Jahr etwa lernte ich einen
Mann kennen. Der hat mich zu einem ganz anderen
Menschen gemacht. Er hat mich nach und nach ganz um=
gestaltet." Sie fügt hinzu: „Ich habe mich ihm mit Leib
und Seele hingeben müssen." Der biedere Vater, ein rab=
biater, herzlich bornierter Socialdemokrat, wütet und schimpft;
die brave Mutter ist außer sich; Konrad bricht vor Schmerz
in krampfhaftes Weinen aus. Hanna hat für all diesen
Jammer nichts als das lakonische: „Ich that, was ich mußte.
Ich konnte nicht anders." Der Vater, der den Erklärungs=
grund begreiflicherweise nicht zureichend findet, treibt die rene=
gate Tochter aus dem Hause. Der verlassene Bräutigam
erklärt, daß er noch mit ihr abzurechnen habe. — Damit
schließt der erste der drei Akte.

Der zweite spielt in Hannas „Kontor". Mit Hilfe der
Subvention jenes Mannes, dem sie ihre intellektuelle und
sonstige seelische Metamorphose verdankt, des Dr. Könitz,
hat sie sich selbständig machen und ein flottgehendes Damen=
garderobe=Geschäft einrichten können. Über noch unterschied=
liches Andere ihrer häuslich=geschäftlichen Verhältnisse werden
wir im Verlauf einer längeren Unterredung unterrichtet, die
sie mit ihrem Hauswirt hat, der ihr schließlich den Besuch
eines ihm selbst unbekannten Gastes seiner Weinstube an=

!ündigt. Der Angekündigte erscheint alsbald in der Person
des alten Großonkels eines Freundes ihres Beschützers, der
zugleich ihr Freund ist: des jungen Barons Vernier. Der
alte Herr kommt von seinem westfälischen Gute, wo ihm die
begeisterten Briefe, die sein Neffe ihm über Hanna geschrieben,
keine Ruhe gelassen haben. Hanna beschwichtigt den Auf=
geregten. Bernhard sei in erster Linie der Freund ihres
Freundes; „bis auf den heutigen Tag habe sie ihn niemals
unter vier Augen gesprochen, kein einziges Wort sei zwischen
ihnen gefallen, mit dem er sich hätte „verplempern" können;
schließlich, daß „ihr nichts ferner liege, als der Ehrgeiz,
Freifrau von Vernier zu werden." Der Alte geht seelen-
vergnügt ab, nachdem er noch die Bekanntschaft des Dr. Könitz
gemacht hat, der Hanna zu besuchen gekommen ist. Zwischen
den beiden nun findet eine gründliche, allerdings hochnötige
Aussprache statt. Zuerst erfahren wir, daß Konrad jener
Zeit ein Attentat auf seinen begünstigten Nebenbuhler machte
und ihn zeitlebens zum Krüppel schoß, worauf er nach Ame=
rika entflohen ist, von wo aus er diesem eine Art von Ent=
schuldigungsbrief schreibt. Nun der eigentliche Grund seines
Kommens. Er hat schon seit einiger Zeit gefühlt, daß
Hanna das Verhältnis mit ihm innerlich nicht befriedigt.
„Sieh mal," sagt er, „wir wollen es uns nicht verhehlen:
es ist anders mit uns gekommen, als wir es uns gedacht
haben. — Woran es gelegen, das ist schwer zu sagen; und
im Grunde, jetzt kann es uns gleich sein." — In diesem
unheimlich mysteriösen Ton geht die Unterredung weiter.
Nur soviel ist klar: der Doktor hat, um mich eines Aus=
drucks aus der Ökonomie zu bedienen, abgewirtschaftet; sein
Stolz erträgt dies durchbohrende Gefühl nicht; sein Edelmut
baut der Fliehenden eine bequeme Brücke; mit der Entgegen=
nahme der letzten tausend Mark, die sie ihm schuldet, giebt

er ihr ihre Freiheit wieder. Er geht, den zu rufen, dem er Platz gemacht hat, und von dem er, wenn sie ihn auch augenblicklich nicht erwartet, weiß, daß er ihr jeden Augenblick willkommen ist: den jungen Baron. Der kommt; erklärt, daß der Großonkel seine Briefe nicht falsch verstanden habe. Die Liebenden sinken sich in die Arme.*)

Der Schauplatz des dritten Aktes ist Hannas „Privatwohnung". Hanna gilt ihrer Familie als Maitresse des Barons, worüber sie, wenn sie's noch nicht wissen sollte, durch ihre Cousine Lieschen belehrt wird, die ihr auch mitteilt, daß Konrad, über diese neue Wendung der Dinge empört, aus Amerika zurück und nach Berlin gekommen ist, um die bereits im ersten Akte angedrohte, infolge seiner günstigeren Auffassung ihres früheren Verhältnisses hinausgeschobene „Abrechnung" mit ihr endlich vorzunehmen. Bernhard, der seinen abendlichen Besuch macht, ahnt nichts von der Gefahr, welche die Geliebte bedroht; dafür ist der Doktor von allem unterrichtet und stellt sich als getreuer Eckart rechtzeitig ein, den rabbiaten Menschen im betreffenden Augenblick mores zu lehren. Der junge Baron — Hanna hat ihn allein gelassen, sie muß noch einmal in das Geschäft hinunter — ist aus guten Gründen „höchst erstaunt", den Doktor zu sehen. Der ältere und der jüngere Freund haben Zeit zu einer längeren Unterredung, in der es sich selbstverständlich wesentlich um Hanna handelt. Bernhard beklagt sich, daß Hanna „von ihm gar nichts annehme"; die Behandlung, die er in ihrem Hause zu erdulden habe, „jeder Beschreibung spotte"; ihm ein solches Verhältnis zwischen Mann und Weib „direkt verdreht vorkomme". Er bekennt,

---

*) Diese Schlußscene wurde bei der Aufführung weggelassen aus Gründen, die aus dem folgenten erhellen werden, und doch mit Unrecht, da sie die einzige, wenn auch schwankende Brücke von dem zweiten zu dem dritten Alt bildet.

„schrecklich wenig darüber zu wissen, wie sie eigentlich ge-
worden ist", und deutet an, daß ihm nach dieser Zeite einige
Auskunft erwünscht wäre, die ihm natürlich keiner besser ge-
ben könne, als ihr „Erzieher". Der Doktor läßt sich zu
dieser Auskunft herbei. Sie ist nicht sehr ausführlich, im
Grunde nichts weiter als eine Umschreibung von Hannas
Phrase im ersten Akt: „Er hat mich zu einem ganz anderen
Menschen gemacht." Ein bemerkenswertes Wort fällt:
„Hungrig und durstig war sie zu mir gekommen. Es war
ja wie eine neue Welt für sie! Wie eine neue Religion
der Schönheit, der Kunst, des Genusses . . . Und nun das
Herz, das Gemüt und die lieben Sinne — es war ein
Jammer mit anzusehen. Da hab ich ihr nun alle Thüren
weit geöffnet!" — Bernhard fragt, ob er denn nie daran
gedacht habe, die Geliebte zu heiraten? Wohl hat er daran
gedacht; aber „sie wollte nicht". Bernhard ist das unver-
ständlich, neu. Auch der Doktor findet, „es gehe wider die
Natur"; aber es habe ihn nicht abgeschreckt, „die Fahne der
Wissenschaft und der Philosophie des freien Menschentums
aufrecht zu erhalten". Hermann fühlt sich durch diese Mit-
teilung keineswegs niedergeschlagen. Im Gegenteil! Ein
Entschluß, „mit dem er sich schon lange getragen", ist jetzt
in ihm gereift. Er wird Hanna noch heute fragen, „ob sie
seine Frau werden will". Wozu der Doktor die ironische
Bemerkung macht: „Warum wollen Sie sich den schönen
Abend verderben?" Indessen, Konrad kann jeden Augenblick kommen; der Doktor bereitet Bernhard auf den unlieb-
samen Besuch vor, und daß Konrad nichts Geringeres im Sinne
habe, als Hanna totzuschießen. Er hat sich deshalb für
einen eventuellen schlimmsten Fall selbst mit einem Revolver
versehen. Doch von den Mordinstrumenten, als Konrad nun
wirklich — mit Hanna — erscheint, wird kein Gebrauch

gemacht. Hanna erklärt noch einmal ihren socialen Standpunkt, auf dem ihr „jede Form der Vergewaltigung" hassens-
wert erscheine; und weiter, daß sie — immer von diesem
Standpunkte aus — sich von dem Doktor freigemacht habe
und von Bernhard nicht freimache, weil sie ihn liebe.
Übrigens wolle sie lieber seine (Bernhards) Maitresse heißen,
als seine Braut, aus Furcht, auch nur den Verdacht zu erregen, als habe sie „gnädige Frau" werden wollen, in welcher
Furcht dann nebenbei auch ihr herrisches Benehmen, über
das sich Bernhard vorher gegen den Doktor so bitter beklagt,
seinen Grund habe. — Konrad ist mit dieser Erklärung
wohl zufrieden. Er bekennt, daß sie, die „ihre Gesetze in
sich selbst" habe, ihm so wenig als einem anderen Rechen-
schaft schuldig sei, und geht, während der Doktor ihm folgt,
der ihm noch irgend etwas sagen will. Die Liebenden sind
allein. Bernhard bittet sie, sein Weib zu werden, worauf
sie „lächelnd, leise" antwortet: „Bin ich das nicht?" Er
versteht es anders, versteht darunter eine legitime Heirat.
Was ihr mehr gelte: „ihre Prinzipientreue, oder er und sie?"
Hanna gesteht, dem letzteren Teil der Alternative den Vorzug zu geben, aber freilich: „Ich für mich allein, ich hätte
nie daran gedacht, aber —", worauf sie dem freudig er-
schrockenen Geliebten ein süßes, intimes Geständnis macht.
Der Doktor, der, zurückkommend, sieht, wie die Sache steht,
erklärt sich Hannas Sinnesänderung auf seine Weise. Er
sagt: „Sie hat eben Humor."

Dies, abgesehen von einigen Einzelheiten, deren Mit-
teilung zum Verständnis des Ganzen nichts wesentliches bei-
getragen haben würde, ist der, glaube ich, mit gewissenhafter
Treue wiedergegebene Inhalt des Stückes.

Ich habe oben gesagt, ich dürfe mir und dem Leser
diese Analyse nicht ersparen, um einen Nachweis führen zu

können, der mir in mehr als einer Hinsicht von Wichtigkeit
scheint.

Den Nachweis nämlich, daß „Hanna Jagert" kein Drama
ist, wenigstens nicht in dem Sinne, den man statuieren muß,
soll überhaupt noch von dem Drama als einer bestimmten
Kunstgattung die Rede sein.

Denn, mag man sich drehen und wenden, wie man will:
das Drama ist und bleibt eine durch Darstellung vermittelte
Vorführung einer Handlung; und je vollständiger und prä-
ciser, je erschöpfender und klarer uns der Dichter diese Handlung in allen ihren Phasen vorzuführen vermag, um so
vortrefflicher werden wir sein Werk nennen müssen, einen
um so tieferen, reineren und nachhaltigeren Eindruck wird
es auf den Zuschauer hervorbringen. Diese Handlung —
das ist ihr Begriff — muß eine im strengsten Sinne
einheitliche sein, d. h. sie muß an einem ganz bestimmten
Punkte einsetzen, zu einem ganz bestimmten Punkte hinstreben,
und, um das zu können, einen Träger haben, einen be=
stimmten Menschen, der, vor unsern Augen, so oder so, in
das Weltgetriebe verstrickt, sich kämpfend aus dieser Ver=
strickung zu lösen sucht, respektive — in der Tragödie —
in diesem Kampfe erliegt, welchen Träger der Handlung
und Geranten ihrer Einheitlichkeit wir dann den Helden
des Dramas nennen. Gerhart Hauptmanns „Weber"
haben keinen Helden, und deshalb ist das Werk kein Drama,
sondern nur eine Aneinanderreihung dramatischer Scenen,
Variationen — meinetwegen in der Wirkung gesteigerte,
aber im Grunde beliebige Variationen — des identischen
Themas.

Nun wird der Leser sagen: in Hartlebens Stück haben
wir doch einen Helden, oder, was auf dasselbe hinauskommt:
eine Heldin, nach der es nebenbei sogar benannt ist; und,

wenn du durchaus eine Handlung haben willst, ist das uns in verschiedenen Entwickelungsphasen vorgeführte Ringen einer energischen Frauenseele nach dem Recht freier Selbstbestimmung nicht auch als Handlung zu bezeichnen?

Gewiß: die Qualifikation Hanna Jagerts zu dem dramatischen Ehrenposten ist nicht zu leugnen; aber wie steht es mit der Handlung? der einheitlichen, d. h. nicht durch beliebige unterschiedliche, sondern durch alle ihre Phasen klargelegten? Kann von einer solchen in dem Stücke die Rede sein? Der Leser urteile doch selbst! Hat er den Faden in der Entwickelungsgeschichte Hannas nun, da er diese Geschichte, soviel uns davon der Dichter mitzuteilen für gut fand, gründlich kennt, wirklich in der Hand? Oder bemerkt er zu seinem Erstaunen, daß es nur einzelne Fäden sind, von denen der Dichter nur einige zusammenzuknüpfen versucht hat, während andere lose in der Luft flattern? Ich glaube, doch wohl das letztere. Nur bis zum Schluß des ersten Aktes ist der Faden vollkommen straff, und er kann für sich als ein selbständiges kleines Drama gelten: das Sichlosreißen der Haustochter und Verlobten aus einer Verstrickung, von der wir, rekonstruierend, wissen, wie sie in dieselbe geraten, ebenso wie wir durchaus begreifen, daß sie, wie sie nun einmal ist, sich losreißen muß und — kann.

So erzielte denn auch dieser Akt bei der ersten Aufführung einen großen, verdienten Beifall.

Aber bereits mit dem zweiten Akt ist für den Leser oder Zuschauer — zwei Ausdrücke, die ich durchaus promiscue gebrauche, — der Faden zerrissen, dergestalt, daß ich fast versucht bin, anzunehmen, es sei hier ein ganzer Akt ausgefallen und der jetzige zweite in Wirklichkeit der dritte. Stehen wir doch mit diesem Akte — er spielt anderthalb Jahre nach dem ersten — bereits am Ausgang von Hannas

Verhältnis mit Dr. Könitz. Zwar verstattet uns der Dichter,
wie wir gesehen haben, einige Rückblicke in dies Verhältnis;
aber wie vieles bleibt da noch in Dunkel gehüllt! Wie breit
sind der Vermutung Thor und Thür geöffnet! Kommt
einem freundlichen Gemüte doch sogar der Zweifel, ob
Hannas Wort im ersten Akt, daß sie sich dem Manne, durch
dessen Einfluß die große Revolution in ihrem Innern her=
beigeführt wurde, „mit Leib und Seele habe hingeben müssen"
buchstäblich zu nehmen sei, und man nicht vielmehr auf ein,
wenn auch recht intimes, so doch rein freundschaftliches Ver=
hältnis schließen solle! Wenn nur nicht gegen die letztere
Annahme so viel, so sehr viel spräche! Dann aber wieder,
wenn man sie fallen lassen muß, wie war es möglich, daß
Hanna einen Mann, dem sie so unendlich viel verdankte,
der, wenn sie ihn auch nicht leidenschaftlich lieben konnte,
doch eine Fülle geistiger Qualitäten besaß, für die gerade
sie ein schärfstes Verständnis haben mußte, — daß, sage
ich, sie diesen Mann, trotzdem er sie zur Gattin begehrte,
nicht heiraten wollte, selbst dann nicht, als er um ihrethalben
zum Krüppel geschossen war, und sie die beste Gelegenheit
hatte — die sich ein edles Weib kaum hätte entgehen lassen
— ihm die ungeheure, gegen ihn eingegangene Schuld der
Erkenntlichkeit, soviel an ihr war, zu vergüten? Weiter!
Stimmt es mit der skrupulösen Ehrlichkeit, die ein erster
Zug in Hannas Charakter ist, daß sie dem alten Vernier
gegenüber ihre Liebe zu Hermann glattweg verleugnet? Auch
dem Doktor, der doch wohl das Recht hätte, ein offenes
Bekenntnis zu erwarten, anheimstellt, sich ihren Herzenszu=
stand zu deuten, um, nachdem dieser sie kaum verlassen, dem
herbeieilenden nunmehrigen Geliebten in die Arme zu fallen?
Oder sollte sie wirklich in diesem Augenblicke erst ihr Herz
entdeckt haben? Das sehe wieder der Klugen, ihre Gefühle

genau wie die Ziffern ihres Hauptbuches Kontrolierenden
gar nicht ähnlich. Und dann! Wer in der Welt hätte von
diesem so hochbegabten, das Durchschnittsmaß der Frauen
intellektuell so weit überragenden Wesen erwartet, daß sie
ihr Herz einem jungen Manne schenken würde, der nach
allem, was wir von ihm sehen und hören, zweifellos der
unbedeutendste der drei uns vorgeführten Liebhaber, und
nichts, aber auch nichts ist als ein angenehmer, in allen
Künsten dilettierender Kavalier mit den obligaten abge=
schliffenen Umgangsformen? Wieder dieser Kavalier, welche
Auffassung hat er von dem Verhältnis Hannas mit dem
Freunde? Sagt er von ihr: „kein Engel ist so rein"?
Oder hält er den Doktor einfach für seinen „Vorgänger im
Reich"? Im ersteren Falle ist er weniger skeptisch, als
neunundneunzig von hundert an seiner Stelle sein würden;
im letzteren von einer Nachsicht, um die ihn derselbe Prozent=
satz nicht beneiden dürfte. Weiter! Würde Hanna den
Liebsten auch dann geheiratet haben, wenn sie ihm kein süßes
Geheimnis ins Ohr zu flüstern gehabt hätte? Und ist es
nicht erlaubt, zu fragen: wozu der Lärm? wenn man so
sieht, daß die Vorkämpferin ihres Geschlechts, die gegen jeden
Zwang revoltiert, das Joch der Ehe auf den Nacken nimmt
unter Umständen, denen jedes beliebige Gänschen von
Buchenau dieselbe verständige Rechnung tragen würde? Hat
das der schalkhafte Doktor mit seinem: „Sie hat eben
Humor" gemeint? Oder sieht er weiter und den Tag
kommen, wo die humorvolle Dame sich auf ihre einstigen
Freiheitsgelüste besinnt und den Ehehimmel über Westernach
zu schwer für sich findet und dem guten Bernhard Zeit giebt,
über das genossene Glück nachzudenken, während sie irgend=
wo im fernen West weiter nach der blauen Blume der ab=
solut freien Liebe sucht? Oder war gar, die Berechtigung

dieser freiesten Liebe an einem Exempel nachzuweisen, die Absicht des Dichters, die er nur aus polizeilichen Rücksichten nicht durchführen konnte?

Der Dichter selbst ist schuld an diesen Wirrnissen, er allein. Warum hat er den trefflichsten Romanstoff zu einem Drama verarbeitet, das nun natürlich kein gutes, nur die Dramatisierung unterschiedlicher, nicht einmal immer glück-lich ausgewählter Kapitel des betreffenden Romans werden konnte?

Denn so liegt die Sache. Das Thema von „Hanna Jagert", die Geschichte der Emancipation einer energischen Frauenseele aus der Misère der ökonomischen, moralischen und intellektuellen Verhältnisse, in welche hinein sie geboren wurde, zum freien Menschentum, ist ein so echtes Roman-thema, wie das des Wilhelm Meister, oder Copperfield. Nur der epische Künstler hätte vermocht, den Schatz ganz zu heben.

Es taugt nun ein für allemal nichts, die gesonderten Kunstarten zu verquicken.

Entweder wir bekennen uns zu den Lessingschen Prin-zipien der reinlichen Sonderung, so werden wir, so können wir wenigstens siegen. Oder wir thun es nicht, so werden wir mit aller aufgewandten Kraft und allem daran gesetztem Talent doch nur zwitterhafte Werke schaffen, über welche, wenn nicht bereits die Gegenwart, so doch ganz gewiß die Folgezeit gleichmütig zur Tagesordnung übergehen wird.

XI.

Max Halbes „Jugend".

Daß mit der Tugend die Jugend gespannt,
wir wissen es alle;
Glücklicherweise nicht stets schlichtet ein
Toller den Streit.

Den hohen Wert zu unterschätzen, welchen die Schule auf das Milieu legt: d. h. die temporären und lokalen, socialen, familiären und sonstigen Verhältnisse, unter deren Einfluß sich das Individuum entwickelt hat, bin ich der letzte. Ein Dichter, der bei der Conception und Heraus= gestaltung seiner Personen besagte Verhältnisse nicht fort= während streng im Auge behält, bringt es sicher zu nichts, was den welt= und lebenserfahrenen Leser oder Zuschauer befriedigen könnte. Aber ebenso war ich stets und bin ich noch heute trotz alledem der Meinung, daß, wenn auch die intimste Kenntnis des Milieu die conditio sine qua non dichterischen Schaffens ist, es einen Mangel an Geschmack und Kunstverstand verrät, läßt der Dichter es nicht da, wohin es gehört: in dem Hintergrund, sondern zerrt es in den Vordergrund, wohin es keineswegs gehört, weil es dort keine andre Wirkung hat als die schädliche: seine Personen, auf die es ihm doch in erster Linie ankommen sollte, zu verschleiern, zu verdecken, zu verkrüppeln. Ein Haus kann nicht ohne Gerüst gebaut werden; aber, wenn das Haus fertig ist, muß das Gerüst fallen.

Und weiter war und bin ich der Meinung: wird schon der Roman durch zu breites Heraustehren des Milieu zu

einem schwerfälligen Produkt, das unter besonders gravieren=
den Umständen kaum noch vor das ästhetische, sondern vor
das wissenschaftliche Forum gehört (welches dann aus er=
klärlichen Gründen ebenfalls mit einem abweisenden Urteil
bereit zu sein pflegt), so ist sein Überwuchern der Tod des
Dramas. In dieser seiner tödlichen Eigenschaft wirkte es
in Halbes „Eisgang", einem früheren Stück des Dichters,
das ich, wenn auch nur durch Lektüre, gut kannte. Der
Dichter führt uns in die Gegend an der unteren Weichsel
und macht uns mit der Familie eines Landwirts vertraut,
der seine Kraft in dem Kampf mit schwierigen ökonomischen
Verhältnissen aufgerieben hat. Besonders ist es das unbot=
mäßige ländliche Arbeiterpersonal, das ihm zu schaffen macht.
Der unglückliche nervenzerrüttete Mann stirbt bereits im
ersten Akt an einer allzugroßen Portion Morphium oder
desgleichen. Der Sohn, der an seine Stelle tritt, ist noch
viel weniger im stande, dem Unheil zu steuern. Er ist aus
Überzeugung Socialdemokrat; findet, daß die Leute einfach
Opfer einer hundertjährigen Mißwirtschaft und also mit
ihren oppositionellen Gelüsten und aufrührerischem Gebaren
in gutem Rechte sind. Ein bornierter engherziger Onkel
aus der schlimmsten alten Schule verbösert die Sache nur
durch sein tölpelhaftes Eingreifen. Endlich — im vierten
Akt — kommt die Weichsel und macht dem Stück ein Ende,
indem sie den Zukunftsträumer zwischen ihren Eisschollen
verschlingt.

So ist in dem seltsamen Stück von einer Handlung im
eigentlichen Sinne schlechterdings keine Rede. Wie der junge
Landwirt thatsächlich die Hände in den Schoß legt, so thun
es die übrigen auftretenden Personen — die der Verfasser
in seinem Verzeichnis, wunderlich genug, als „Menschen"
aufführt. Diese — Baumeister, Doktor, Schwester und

noch einer und der andere — sie kommen und gehen, ohne eine Hand an die Räder des dramatischen Karrens zu legen, der denn auch glücklich am Schluß genau da steht, wo er anfangs gestanden hat: Situationsmalerei vom Beginn bis zum Ende. Aber die Situation selbst: die ökonomisch rettungslose Lage der Familie, ist mit einer Kraft herausgearbeitet, welche Anerkennung verdient. Der Verfasser luxuriiert in Details, die beweisen sollen (und für diesen und jenen auch beweisen mögen), daß die Rettung unmöglich ist. Besonders ernst nimmt er es mit den Scenen, in denen er uns mit Wesen und Charakter jener mit polnischen Elementen durch= setzten, verkommenen dienstbaren Bevölkerung bekannt macht. Auch wer, wie ich, Land und Leute, um die es sich hier handelt, nicht kennt, empfängt bei diesen Schilderungen den Eindruck greifbarer Wahrheit. Diese Leute müssen so denken, so sprechen. Daß sie in meinen Augen an dieser naiven Wahrhaftigkeit keine Einbuße erleiden würden, wenn sie die Gewogenheit hätten, sich nicht zum Ausdruck ihrer konfusen Gedanken und ordinären Empfindungen ausschließlich des landläufigen Dialektes zu bedienen, ist ein Stoßseufzer, den ich nur „beiseite" gethan haben will. Jedenfalls wird durch die mit so großer Sorgfalt bis zum Übermaß stark aufge= tragene Lokalfarbe in keiner Weise deutlicher, weshalb das Stück nun eigentlich „Eisgang" heißt, da der im vierten Akt wirklich eintretende Eisgang ebensowohl kommen kann, wie er nicht zu kommen brauchte. Es sei denn, daß das Naturereignis nur symbolisch zu nehmen ist und die grau= same Unwiderstehlichkeit bezeichnen soll, mit der die Verhält= nisse sich an denen rächen, welche die Pflicht gehabt hätten, sie beizeiten zu regulieren und in geordnete, dem Gemein= wohl ersprießliche Bahnen zu lenken.

Der Leser wird nach diesen Ausführungen die gedrückte
Stimmung begreifen, mit der ich der Aufführung von
„Jugend" entgegensah.

Und wie angenehm wurde ich enttäuscht!

Hier, in „Jugend", wahrhaftiges dramatisches Blut und
Leben; eine kleine, sehr intime, aber — bis auf den Schluß,
über den wir zu sprechen haben werden — folgerichtige,
durchsichtige, nicht immer gleichmäßig, aber doch stetig fort=
schreitende, die Teilnahme des Zuschauers bald energisch
herausfordernde, bald freundlich erschmeichelnde Handlung.

War „Eisgang" ein Beispiel dafür, wie in einem Drama
das Milieu nicht behandelt werden darf, so ist „Jugend"
nach dieser Seite hin geradezu musterhaft zu nennen. Man
muß schon sehr genau hinsehen, um sich darüber klar zu
werden, durch welche Mittel der Dichter denn eigentlich das
Kunststück zu stande gebracht hat, uns mit den socialen,
sittlichen, ökonomischen und sonstigen Bedingungen, in deren
Abhängigkeit diese Menschen leben, völlig vertraut zu machen:
so innig haftet die Lokalfarbe an allem und jedem, und so
decent ist sie aufgesetzt. Kaum, daß der Vorhang sich zum
erstenmale gehoben hat, atmet uns die Luft in dem Hause
eines ländlichen Pfarrers — ich möchte sagen specifisch an.
Auf dem Hofe vor dem Fenster gackern die Hühner; drinnen
in der Stube, deren Wände mit heiligen Bildern von naivster
Geschmacklosigkeit behängt sind, zwitschert von der Decke
herab ein Kanarienvogel; auf dem Tisch vor dem Sofa
klappern die Kaffeetassen — alles, wie in Vossens „Luise";
und doch empfindet man sofort die Differenz zwischen der
protestantischen und der katholischen Idylle. Hier schaltet
keine Hausfrau; hier giebt es keine Tochter, nur eine Nichte;
hier kommt auf dem Wege von der Schule zur Universität
kein Sohn zum Besuch, es muß ein Neffe sein. Man

wird sagen, das versteht sich ja unter den gegebenen Ver=
hältnissen von selbst. Gewiß. Aber die feine, bescheidene
Art, in welcher uns der Dichter, ohne alle und jede Weit=
schweifigkeit, wie durch Magic, mit diesen Verhältnissen ver=
traut macht — da liegt's.

Und wie belohnt sich diese Feinheit, diese Bescheidenheit
der Behandlung des Milieu! In „Eisgang" sind die Per=
sonen nicht verzeichnet, durchaus nicht! Aber sie sind nur
skizzenhaft umrissen ohne die greifbare Lebendigkeit, welche
nur die volle, saftige Farbe geben kann. Hier, — das
Milieu als Mittel zum Zweck, nicht als Selbstzweck neh=
mend — hatte der Dichter die Hände frei für die Ausge=
staltung seiner Menschen, die denn nun auch voll und rund
vor uns hintreten — nach fünf Minuten stehen wir mit
ihnen auf du und du. Das hält freilich nicht schwer bei
dem herzigen Pfarrer, dem nichts Menschliches fremd ist.
Auch mit dem jungen Studenten würde man gern Brüder=
schaft trinken, und sich mit dem holden Ännchen zu duzen,
dürfte sich nur ein decidierter Misogyn sträuben. Aber der
Kaplan, der fanatische! Aber Stiefbruder Amandus, der
Trottel! Und doch, ihre Seelen — die recht komplizierte
des einen, die mehr als einfache des andern — sie wohnen
für uns in einem Hause von Glas. Nur in einer Scene
— ich meine die, in welcher der Kaplan in einer Heiterkeit,
die doch nur gemacht sein kann, das Zimmer betritt, habe
ich nicht recht gewußt, woran ich bei ihm war. Wollte er
Ännchen zeigen, daß auch er ein Mensch von Fleisch und
Blut sei? wollte er sie einmal, nur ein mal im Tanz um=
faßt, an seinen Busen gedrückt haben? Ich weiß es nicht
und halte es nicht für unmöglich, daß der Autor selber es
nicht weiß. Haben sich die Gestalten erst einmal von ihrem
Schöpfer emancipiert — und sie zeigen in einem gewissen

Stadium ihrer Entwickelung eine verhängnisvolle Neigung dazu — thun sie manchmal Dinge, von denen sich seine Philosophie nichts träumen ließ.

Sonst ist Gregor aus ganzem Holz geschnitten: jeder Zoll der katholische Kaplan und verarmte polnische Edelmann. Seinen Fanatismus halte ich für echt: wenn er die Tochter, die „keinen Vater hat", ins Kloster treibt, will er dem Himmel eine Seele gewinnen, die in seinen Augen sonst verloren ist; und wenn er es damit zugleich fertig bringt, daß den süßen Leib, nach dem er schmachtet, auch kein anderer genießen wird, so ist das ein Extraprofit, wie er auch sonst bei einem legitimen Handel so leicht nicht ver= schmäht wird. Auf die Ironie des Schicksals, welches die Sache umkehrt und sich just seiner heiligen Manipulationen bedient, „das Püppchen zu kneten und zuzurichten", war der fromme Mann freilich nicht gefaßt. Ich hätte wohl gewünscht, daß der biedere Pfarrer seinen Kaplan in der prächtigen Strafrede, die er ihm schließlich hält, dieses qui pro quo energisch demonstriert hätte. Der Dichter würde so auch den Vorteil gehabt haben, noch zuletzt ein erklären= des Licht auf Ännchens Handlungsweise zu werfen.

Und Ännchen, das süße Ännchen, das den Rat Mephistos an die Mädchen:

> „Habt ihr euch lieb,
> Thut keinem Dieb
> Nur nichts zulieb
> Als mit dem Ring am Finger", —

so gar vergißt, verletzt sie, auch unter Anrechnung der eben erwähnten mildernden Umstände, mit ihrer starken Initiative in Liebessachen nicht die Bescheidenheit der Natur? Es mögen andere darüber anders denken — ich für mein Teil sage: nein! Weshalb soll eine bescheidene Pfarrersnichte weniger heißes Blut haben als die stolze Tochter Capulets? Und sie hat ihren Hans so lieb, so lieb! Und morgen will er weiter nach Heidelberg, und kommt gewiß nie wieder zurück! Und wenn sie ihm zeigt, wie lieb sie ihn hat, dann bleibt er vielleicht! Und — die Gelegenheit ist so günstig! Keine Mauern zu übersteigen, keine Strickleiter zu erklimmen — nur ein Treppchen hinauf, und sie hält ihn in ihren Armen!

Nein, holdes Ännchen, ich habe kein kleinstes Steinchen für dich; und finde es zu grausam, daß der entsetzliche Mensch, dein trottliger Bruder, dich totschießt. Er will freilich den Hans treffen; aber in einem Stück, wo es ordentlich zugeht, darf nur der getroffen werden, der ge= troffen werden soll und muß, weil die Logik der Dinge, oder der Charaktere — was nach meinen Begriffen im Drama dasselbe ist — es so verlangt. Aber welche Logik waltet hier? Was hast du Todeswürdiges verbrochen? Du und dein Geliebter, ihr habt, als ihr der Natur folgtet, nicht einmal, wie Julia und Romeo, die haßerfüllten Tra= ditionen eurer feudalen Familien verletzt. Der Onkel, der als Mensch und Pfarrer seinen Mann steht, hat euch schon vergeben. Er verlangt weiter nichts, als daß der Hans sich ordentlich hinter die Bücher setzt und seine Examina macht, damit du nicht zu lange als jungfräuliche Strohwitwe dich nach ihm zu sehnen brauchst. Die Einwilligung von Hans' Eltern zu erlangen, kann schließlich auch nicht zu schwer sein — die Mutter wird wohl noch nicht vergessen haben, daß sie die Jugendflamme von Onkel Pfarrer ge= wesen ist! Warum also, du armes liebes Ding, mußtest du sterben?

Weil Bruder Amandus nicht rechtzeitig in ein Irrenhaus gesperrt ist?

Aber das ist denn doch wohl keine ausreichende Antwort auf eine Frage, die nicht bloß eine moralische, sondern auch im eminenten Sinne eine ästhetische ist.

Und von der ich mich wundere, daß sie der Realist Halbe nicht anders beantwortet hat.

Es müßte denn — was ich durchaus in Abrede stelle — zur Theorie des Realismus gehören, seine blinde Majestät, den Zufall, zum allmächtigen Herrscher der Dinge zu machen, womit denn freilich die Verwandlung des dramatischen Kosmos in ein undramatisches Chaos vollzogen wäre.

Schließlich noch ein Wort über den Titel des Stückes, den ich diesmal vortrefflich finde. Nur die Jugend der beiden Hauptpersonen ist die Erklärung und zugleich Ent-schuldigung ihres Thuns. Nehmt beide ein paar Jahre älter, und der holde Zauber, der das Liebespärchen jetzt umdämmert, ist weggewischt. Aus der linden, anheimelnden Frühlingsnacht würde eine Sommernacht werden, deren brütende Schwüle uns den Atem beklemmte.

Will man aber doch auch hier noch eine Nebenbedeutung in dem Titel finden, so wäre es etwa mit Hinblick auf den zu erhoffenden Erfolg*) des Stückes.

Jugend hat Glück, sagt das Sprichwort.

*) Diese Hoffnung hat sich hinterher aufs schönste verwirklicht.
A. d. R.

XII.

Ludwig Fuldas „Der Talisman".

Kleiderlos, kopflos raft durch das Stück dieſer
närriſche König,
Und ihn umjubelt das Volk! — Das nenn ich
mir loyal!

Daß man mit dem neuen Kurs des phantaſtiſch=ſati=
riſchen Dramas, in welchen unter uns wohl Wildenbruch
zuerſt mit ſeinem „Das heilige Lachen" energiſch eingelenkt
iſt, nicht ſobald zu „Wolken" und „Vögeln" gelangen
werde, darüber mache ich mir keine Illuſionen. Die Ariſto=
phanes ſind zu allen Zeiten verzweifelt dünn geſät, und was
hülfe es uns, wenn einer unter uns erſtände? Die heilige
Hermandad und die Staatsanwaltſchaft würden sine ira —
die ihnen fern liegt, — aber mit beſto größerem studio —
welches ihre Pflicht iſt — dafür ſorgen, daß das Bäumchen
nicht in den Himmel jener Poeſie wachſe, die ſich ihrer
Souveränetät bewußt iſt und von ihr unumſchränkten Ge=
brauch macht.

Aber ich meine, es ließe ſich auf dieſem Wege manches
erreichen und vermeiden, das auf dem landläufigen unerreich=
bar und unvermeidlich zu ſein ſcheint. Erreichen unter an=
derm, daß die Phantaſie — auf die ich große Stücke halte
— einmal wieder, wie die gefangene Jungfrau von Orleans,
die Centnerfeſſeln brechen könne, mit der ihre zarten Glieder
jetzt belaſtet ſind; und der Dichter mit Hilfe und unter
dem Schutz der entfeſſelten Phantaſie eine Menge ſatiriſcher
Pfeile abſchießen dürfe, die der Proſaiſt wohlweislich in

seinem Köcher behält, weil er sie freilich nicht abschießen kann, ohne daß schwarzes Blut fließt, während die Wunden, die jener schlägt, nur von hellem Ichor tropfen. Vermeiden unter anderm, daß unsre, durch die ewige Wiederholung ermüdeten Lustspielmotive nicht vollends zu Tode gehetzt und die Masken des kommerzienrätlichen Geldprotzen, des offi= zierlichen Schwerenöters, des verbummelten Künstlers, des litterarischen Habenichts und Weißalles, der blaustrümpfigen, aber heiratslustigen Tante, der naiven, aber verliebten Tochter oder Nichte nicht noch stereotyper und insipider werden, als die Pierrots und Colombinen der italienischen Volkskomödie. Oder gar, wie sie es nur zu gern thun, den Platz jenen fraglichen Gestalten räumen, welche unter dem Vorwand, Possen zu treiben, so freche Angriffe auf unsere Lachmus= keln machen, daß wir es tausendmal lieber mit klappernden Lemuren zu thun hätten.

Und sicher wäre bereits Wildenbruch auf dem mit so viel Einsicht, Mut und Talent von ihm betretenen Wege ein gut Teil weiter gekommen, hätte er seine Dichtung in der Märchenregion frei schwebend gehalten, anstatt sie in der Gestalt des Pessimus zu der Wirklichkeit des Tages herab= zuzwingen. Ich vermute, er hat damit das Publikum unter= schätzt. Es hätte seine Meinung sehr wohl verstanden, wäre der Pessimus in der Sphäre des Phantastischen geblieben, wie der auch darin klügere Optimus; so fühlte es die Ab= sicht zu deutlich und ward verstimmt. Im Leben und in der Kunst hängt eben die Wirkung dessen, was man sagt, so innig von der Weise ab, in der man es sagt.

Ich möchte glauben, daß Ludwig Fulda, als er an die Dichtung seines „Talisman" ging, in seinem Nach= denken über das Thema und die Form, in die er es brin= gen wollte, zu denselben Resultaten gekommen ist. Jeden=

falls· ist er der Gefahr, die auf dem Wege lag, und die
sein Vorgänger nicht zu vermeiden wußte, glücklich ausge=
bogen, wobei dann freilich nicht verschwiegen werden soll,
daß ihm, die Stimme der Mutter der Weisheit zu hören,
leichter war, als jenem. Für den Dichter des „Heiligen
Lachens" lag die Versuchung zu nahe, die Schlacht, die er
dem alle Welt beleckenden Pessimismus bot, auf ein Gebiet
hinüberzuspielen, das ihm besonders teuer war, und in
welchem nur leider Leute wohnen, die für das: „Steh auf,
damit ich mich setze!" seltsam taube Ohren haben, auch
wenn es ihnen mit nicht mißzuverstehender Deutlichkeit zu=
gerufen wird.

Ludwig Fulda mußte sein Thema so behandeln, wie
er es behandelt hat: völlig märchenhaft und phantastisch, oder
es als ein Noli me tangere beiseite liegen lassen.

Und hier möchte ich mir die Bemerkung verstatten: ich
wünschte, er wäre in der Anwendung und Entfaltung des
Märchenhaften und Phantastischen weniger bescheiden oder zag=
haft gewesen. Ich wünschte, es wäre noch etwas bunter,
meinetwegen toller hergegangen in der Weise, welche der
Hofkoch mit seinen vier Unterköchen im 2. Auftritt des
1. Aktes so köstlich intoniert. Nicht, als ob es sonst an
übermütigen Schwänken fehlte und zum Beispiel in der
prächtigen Gestalt des alten Korbflechters ein dankbares,
nicht ganz neues Motiv auf die wirksamste und ergötzlichste
Weise variiert wäre — der Leser weiß, was ich meine, und
der Dichter versteht mich sicher. Aber er dürfte mir — und
am Ende mit Recht — jenes Lessingsche Wort entgegnen,
„daß, Gold auf Gold zu brodieren, einen schlechten Ge=
schmack verrate", und er nur das Gold seines Märchen=
themas in das rechte Licht zu setzen brauchte, um der Mühe
nach der von mir angedeuteten Seite überhoben zu sein.

Seines alten, uralten Märchenthemas.

Ich will hier nicht mit fremder Gelehrsamkeit prunken
und den Leser mit der Geschichte der Metamorphosen be=
helligen, welche das Thema durchgemacht hat, bis es von
seiner indischen Heimat in Ludwig Fuldas Hände gelangte.
Es ist ihm ergangen, wie jenem weltberühmten von den drei
Ringen, auch insofern, als es das Glück hatte, auf seiner
langen Wanderschaft endlich zu einem zu kommen, der den
Wert des Kleinods voll zu schätzen wußte und die meisterliche
Kunst besaß, ihm eine seines Wertes würdige Fassung zu
geben. Dieser Ruhm wird Ludwig Fulda bleiben, und er
ist wahrlich kein geringer.

Denn von jenen Variationen des Stoffes abgesehen, die
auf ein Schelmenstück hinauslaufen, das, so oder so, von
pfiffigen Gesellen an anmaßlichen Leuten verübt wird, —
worauf es schließlich auch bei Andersen hinausläuft, — bleibt
auch die, wenigstens soweit mir bekannt, geistreichste an
psychologischer Vertiefung weit hinter Fuldas Auffassung
zurück. Ich meine jene, in welcher der König die Stelle,
daß uns der Herr vor Hochmut bewahren möge, aus dem
Gebote ausstreicht und dafür die himmlische Strafe erleidet,
indem ihm, während er im Bade ist, ein Engel die Kleider
wegnimmt und sich in ihnen auf den Thron setzt, vor dem
dann der König angesichts seines Hofgesindes sich nackt prosti=
tuieren muß. Sie hat von allen am meisten Ähnlichkeit mit
Fuldas Version, aber verhält sich zu ihr doch nur wie eine
Skizze zu einem ausgeführten, farbenprächtigen, stimmungs=
und gedankenvollen Gemälde. Fulda, als der erste, hat
den Geist und den Mut gehabt, den König zu nehmen als
das, wofür er durch den Märchenstoff prädestiniert war, und
als was ihn das moderne Bewußtsein zu sehen verlangt:
als das lebensgroße und lebensgetreue Bild des Despotismus,

der sich aufgeklärt, ja allsehend dünkt, und doch nichts weiter als starblind ist. Nur daß er, — was ich ihm zu weiterem Verdienste anrechne —, den gewöhnlichen Verlauf des Prozesses umkehrend, den königlichen Thoren nicht mit knabenhaften Anmaßlichkeiten beginnen und im Cäsarenwahnwitz enden, sondern mit dem Wahnwitz einsetzen läßt, um ihn durch die Kraft des Talismans ad absurdum und zur Reue, Buße und hoffentlichen Besserung zu führen.

Es liegt auf der Hand, daß ein so komplizierter Vorwurf nicht zu erledigen war, ohne die verschiedensten Entwickelungsphasen durchgemacht zu haben und, um diese Phasen klar zu differenzieren und dramatisch auszugestalten, es eines ganzen Künstlers bedurfte.

Als solcher hat sich der Dichter des „Talismans" bewährt.

Mit welcher Feinheit weiß er uns bereits in der Exposition auf seinen Helden vorzubereiten, dem die Schmeichler eingeredet haben:

> Man sehe nachts auf seinem heiligen Haupte
> Ganz deutlich einen hellen Glorienschein,

und der den Treuesten der Treuen, wie der wutschäumende Lear seinen ehrlichen Kent, in Verbannung schickt, weil er die Offenherzigkeit hat, zu sagen, daß er von dem famosen Schein nichts sehe! Da überrascht es uns denn nicht, wenn in der Scene mit der schönen Mabdalena der girrende Täuber im Handumdrehen sich in einen Geier verwandelt, der die Beute, die ihm zu entfliehen droht, mit grimmigen Fängen und wütendem Schnabel zerfleischt; ein andermal den braven Diener, der sich mannhaft seiner Tochter annimmt, ohne Besinnen zum Bettler erniedrigt.

Dann ist es wieder ein vortrefflicher Zug, daß der Dichter den Tausendkünstler Omar in diesem Augenblick

erscheinen läßt, wo den Tyrannen denn doch angesichts seiner
Frevelthat ein gewisses Gefühl des Bangens ob seiner Gott-
ähnlichkeit angewandelt hat:

> Mich täuschte niemand; ward ich doch betrogen,
> So ward ich's, weil ich selbst den Trug gewollt.
> Und doch — und doch — wer mir ein Mittel kündet,
> Wie man der Herzen tiefsten Schacht ergründet —

Das wäre ein in der verblendeten Seele unmöglicher Widerspruch, der so durch das eben Geschehene auf die feinste
Weise gelöst wird. Hier ist auch ein anderes zu beobachten,
weil es die endliche Demütigung des Königs vor Madbalena
vorausahnen läßt: daß er dem Zauberer sicher sein Ohr
nicht so willig geliehen hätte, hoffte er nicht, es werde sich
nun die Anbetung seines Volkes um so herrlicher offenbaren,
auch vor den Augen der, welche es gewagt hatte, ihn zu
verschmähen:

> O süße Rache, wenn der Haß der Einen
> In diesem Meer von Liebe scheitern muß.

Nun durchzieht die emporgeschleuderte Rakete des Wahn-
witzes ihre unheimliche Bahn, bis sie, auf ihrer höchsten
Höhe angelangt, vor dem Hauch eines Kindermundes zer-
platzt. In dem Steigen der wahnwitzigen Rakete ist eine,
ich möchte sagen: mathematische Folgerichtigkeit, die uns
Bewunderung abnötigt. Er, der sich für allwissend hält, der
sich vermißt, zu sagen:

> Dann zeige mir zuvörderst einen Blinden,
> Den ich, der Fürst, jemals für sehend hielt,

sieht sich vor die Alternative gestellt, die sich in sich selbst
aufhebt:

> Wenn jene nichts gesehn, dann bin ich blind,
> Und sahen sie ein Kleid, dann bin ich's wieder; —

Und vor die andere, wo möglich noch schlimmere:
dumm oder schlecht zu sein, und in der er sich, da sie sich

nicht aufhebt, mit Tyrannenlogik für das letztere dahin
entscheidet:

Das zieh ich vor;
Ja, meine Schlechtheit steigert meine Größe.

Vielleicht, daß die Peripetie seiner Wahnvorstellungen
zur endlichen besseren Einsicht, wie trefflich sie auch durch
die Geschehnisse motiviert ist, und welch mächtigen Vorschub
ihr Omars gewaltige Bußpredigt leistet, aus dem Munde
des Königs selbst noch eine tiefere Erklärung und ebenso
sein Entschluß zur Umkehr einen beredteren Ausdruck hätte
finden können. Indessen das soll kein Tadel für den Dichter
sein. Er darf verlangen, daß, wenn er seine Prämissen
richtig gestellt hat, sich der verständige Zuhörer die Konse-
quenzen selber ziehe. Und sollte er die Spitze seines Weih-
nachtsbaumes so hell erleuchten, wie bliebe ihm die Zeit,
die vielen Lichter anzuzünden, mit denen er ihn von unten
her bis in die obersten Zweige hinauf geschmückt hat?

Ja, es ist ein schmuckhafter Baum, Ludwig Fuldas
Talisman, und an dem jeder seine helle Freude haben muß,
dem der Ritt in das alte romantische Land nicht ein Sport
scheint, welchen sich nur noch Knaben verstatten dürfen.
Wie liebenswürdig sind die Scenen, in denen der alte gemütliche Korbflechter und sein herziges Kind die Oberstimmen
haben! Wie scheinbar nur drollig und im Grunde wie
fürchterlich wahr und getränkt mit bitterster Satire die, in
welchen sich das Hofgeschmeiß vor dem Kleidergestell, an
dem nichts zu sehen ist, prostituiert — einer wie der andere
ein betrogener Betrüger! Zu welcher sittlichen Größe ist die
Gestalt des Omar gesteigert, dem das alte Märchen nur die
Rolle des pfiffigen Schelmen zuteilt! Wie voll dramatisch-
schwunghaften Lebens die Konfrontation des einzig wahrhaft
Blinden mit seinem Volke, dem ein Kind den Mut eingeflößt

hat, von der Gottesgabe, zu sehen, „was ist", den ent=
sprechenden Gebrauch zu machen!

Und wie hat der Dichter es verstanden, uns in die
Märchenstimmung, die auch das Absurdeste gläubig hinnimmt,
zu erhalten! Ich habe nicht gesehen, daß auch nur einer
unter den Zuschauern gelächelt hätte, als die doch gewiß
lächerliche Figur des Königs in Unterkleidern unter dem
seidenen Baldachin pomphaft dahergeschritten kam; und kein
Mund verzog sich bei dem doch recht drastischen Wort, mit
dem die kleine tapfere Rita den mystischen Schleier zerreißt.
Das waren gefährliche Klippen und Schlünde, über die uns
nur der Hippogryph im Schwunge wegträgt.

Aber freilich der Sinn in all dem scheinbaren Unsinn
war so klar, daß die politischste aller politischen Komödien
ihn nicht schärfer, greifbarer hätte herausstellen können. Und
es ist sehr die Frage, ob sie es hätte wagen dürfen Leuten
gegenüber, welche die leidige Gewohnheit haben, aus dienst=
lichem Übereifer alles, hätte es auch ganz offenbar eine
völlig allgemeine, hic et ubique und zu allen Zeiten geltende
Wahrheit, auf sich, respektive die aktuellen Verhältnisse zu
beziehen, in denen sie zufälligerweise leben.

Deshalb mein caeterum censeo: es ist erfreulich für das
Publikum und ersprießlich für die deutsche dramatische Dich=
tung, speciell für das Lustspiel, daß zur Abwechslung von
Zeit zu Zeit dramatische Märchen geschrieben werden in wohl=
lautenden, schwunghaften Versen, welche unsre Sprache wieder
zu der gebührenden Ehre bringen.

Besonders von solchen geschrieben werden, denen man
nicht nachsagen kann, daß sie den Leuten nicht zu genügen
vermögen, welche ein für allemal zum Ziele einer deutschen
Schaubühne, wie sie die Gegenwart verlangt, auf einem
andern Wege gelangen wollen. Der Dichter vom „Ver=

lorenen Paradies" und der „Sklavin" braucht den Vorwurf nicht zu fürchten, er thue das eine, weil er das andere nicht könne, und suche im Märchenwalde süße, phantastische Erd= beeren, weil ihm die Trauben am realistischen Spalier zu hoch hängen.

Seien wir doch froh, daß es unter uns noch Söhne Apolls giebt, welche zwei Sehnen an ihrem Bogen haben!

Die Hauptsache ist und bleibt, daß der gefiederte Pfeil ins Centrum trifft.

Und ich war immer der Meinung, ein Kernschuß ist ein Kernschuß, mag er nun das Centrum einer realistischen oder einer idealistischen Scheibe getroffen haben.

XIII.

Byrons „Kain"*).

„Muß ich nicht sterben?" — Es bringt
den stolzen Titanen zum rasen:
Weil ihm die Gottheit nicht ward, möcht'
er zertrümmern die Welt.

„**D**u gleichst dem Geist, den du begreifst, nicht mir."
Dies „Donnerwort", das der Goethesche Erdgeist dem
Beschwörer Faust entgegenschleudert, liegt als bleischwere
Decke auf allen sogenannten oder so zu nennenden Mysterien,
sie mögen nun einen Titel führen, welchen sie wollen:
Göttliche Komödie, Verlorenes Paradies, Messiade, Kain,
Himmel und Erde. Ich nehme von diesem Verhängnis
jene aus, die aus dem Schoße der Kirche selbst hervor=
gingen, und, in welch ernsthaften oder humoristischen Ex=
kursen sie sich auch gefielen, im Grunde nichts waren und
sein wollten als Periphrasen des göttlichen Wortes. Aber
auf den andern lastet der Fluch, mit saurem Schweiß sagen
zu sollen, was sie nicht wissen und — nicht wissen können.
Immer der qualvoll=aussichtslose Kampf des Schmetterlings
gegen die Nadel, das verzweifelte Suchen nach einer vierten
Dimension, die krampfhafte Anstrengung, Geisterstimmen er=
tönen zu lassen, die, wenn man recht hinhört, doch nur
Menschenstimmen sind, menschliche Gedanken und Empfin=
dungen in wenn auch noch so phantastische, noch so aufge=

*) Frei übertragen und für die Bühne eingerichtet von Adolph
L'Arronge. (Aufgeführt auf dem Teutschen Theater.)

bauſchte Menſchenworte kleidend. Es iſt und bleibt der
Verſuch, den Zirkel zu quadrieren.

Wer ſich am beſten von den großen Dichtern mit
der unlösbaren Aufgabe abgefunden, iſt der größte und
klügſte unter ihnen: Goethe. Er hütet ſich, den Mund
übervoll zu nehmen; er verſpricht nicht mehr, als er zu
halten vermag. „Verzeih, ich kann nicht hohe Worte machen,"
ſagt Mephiſto zum Herrn, von dem er überzeugt iſt, daß
ihn „ſein Pathos gewiß zum Lachen brächte". Natürlich!
denn: „Von Sonn' und Welten weiß ich nichts zu ſagen.
Ich ſehe nur, wie ſich die Menſchen plagen." Das iſt es.
Der kluge Dichter ſpielt den Kampf hinüber auf das
Terrain, wo er ſeiner Sache ſicher iſt und beſſer Beſcheid
weiß als irgend einer der oberen und unteren Götter:· auf
die Erde, aus der ſeine Freuden quillen und deren Sonne
ſeine Leiden ſcheint. Das ſpukhafte Brimborium der Hexen=
küche u. ſ. w. zeugt nicht vom Gegenteil: es iſt durchſichtige
Allegorie oder augenſcheinliches poetiſch=dramatiſches Vehikel;
die einzige Stimme aus dem Geiſterreich, die ernſthaft genommen ſein will, die des Erdgeiſtes, verſtummt alſobald
wieder; die Pforte, die ſich ſo für einmal aufgethan, ſchließt
ſich für allemal hinter dem „ſchrecklichen Geſicht." Und Mephiſto
— nun er, der es gar hübſch von dem lieben Gott findet, ſo
menſchlich mit dem Teufel ſelbſt zu ſprechen, er wird nicht
ſo geſchmacklos ſein, mit dem Menſchen teufliſch reden zu
wollen. Er denkt nicht daran; er iſt „ein Kavalier wie
andere Kavaliere"; ſeine Zauberkunſtſtücke ſind ihm durch
die Sage vorgeſchrieben und erheben ſich meiſtens nicht über
das Niveau der landläufigen Schnellfingerei. Seinem Schüler
aber die Offenbarung transcendentaler Geheimniſſe zu ver=
heißen, verbietet ihm die angewohnte Beſcheidenheit, die ſich
nur ein einziges Mal zu dem Worte verſteigt, daß er zwar

nicht allwissend, ihm aber viel bewußt sei. Und welcher Professor, der auch nicht einen Tropfen Teufelsblut in den Adern hat, würde ihm das nicht, ohne mit den Wimpern zu zucken, nachsprechen? Von dem aber, was ihm bewußt, was bekommt Faust, bekommen wir zu hören? Nichts, schlechterdings nichts, als was der Dichter und Brausekopf Wolfgang Goethe, wenn er wieder einmal über den Strang geschlagen hatte, oder schlagen wollte, von seinem alter ego, dem klaren, klugen, skeptischen Johann Goethe, späteren Wirklichen Geheimrat, Excellenz, allezeit zu hören bekam: daß man am Ende bleibe, was man sei; das Beste, was man wisse, den Buben doch nicht sagen dürfe und andere goldene Wahrheiten, die ein besorgter väterlicher Polonius getrost seinem in die Fremde ziehenden Laertes ins Stammbuch schreiben kann.

Und gerade so, gerade durch diese weise Mäßigung, diesen Respekt vor der bleischweren Decke, die der Mensch nicht heben, an der er sich nur den Schädel einrennen kann, ist der Faust geworden, was er ist: kein Myster, sondern die weltliche Bibel, in der für alles, was durch das Hirn des Menschen zuckt oder durch das Labyrinth der Brust in der Nacht wandelt, der rechte Spruch an der rechten Stelle sich findet.

Wer wäre von dieser weltumfassenden Weisheit ferner gewesen als der Dichter des Kain? Er, der die Welt nur zwischen den Scheuklappen seiner verhärteten Selbstvergötterung sah? Der, als Dichter, nichts schaffen konnte, auf das nicht Zolas sonst nach allen Seiten zu verklausulierende Erklärung eines Kunstwerkes buchstäblich paßte? Welches Temperament freilich, dies! Das des Wassersturzes, der von Fels zu Fels braust, begierig nach dem Abgrund wütend! Seine epischen Gedichte: Mazeppa, der Giaur und

wie sie heißen; seine Dramen: Sardanapal, Manfred und
die andern — sind sie nicht alle solche abgrundwütigen
Wasserstürze? Und der Don Juan gar! Der freilich besser
einem Meere gleicht, das toll geworden ist, weil seine über=
mütigen Flutwellen überall an felsenstirnigen Ufern zerschellen
und zerschäumen und, weil ihre donnernden Klagen macht=
los verhallen, in gellendem Hohngelächter durcheinander
kreischen!

Byron schrieb den Kain während seines Aufenthalts in
Ravenna (1820—22) ebenso wie fast in ganze Serie seiner
anderen Dramen: Marino Falieri, Sardanapal, die beiden
Foscari, Himmel und Erde, einen Teil wenigstens von
Werner und dem Umgestalteten Mißgestalteten — alles, wie
sich schon aus der sich überstürzenden Hast schließen läßt,
Variationen über das eine Thema seines individuellen
Schmerzgefühls, das sein Stolz zu einem Weltschmerz an=
schwellen möchte; und für dessen Ausbruck er doch auf der
Dichterharfe nur die eine lyrische Saite hatte, wenn er auch
scheinbar die Komposition mit dem dramatischen oder epischen
Schlüssel bezeichnete. War dies Schmerzgefühl gerade jetzt
quälender als je zuvor, wer würde das bei dem Stolzesten
der Stolzen nicht verstehen, den sein Vaterland verdammt
und verbannt hatte, ohne ihn zu hören, auf gräßliche, aber=
witzige Beschuldigungen hin, gegen die er sich schon darum
nicht verteidigen konnte, weil sie im Dunkeln krochen, nur
von Mund zum Ohr getuschelt wurden. Nun konnte er
sie nicht einmal Lügner heißen, die lichtscheuen, raunenden
Gespenster. Und sie zusammenschmeißen! Ach wie das
wohlgethan hätte — sie und die ganze Welt!

Und da man Gespenster nicht an der Gurgel packen
kann — her mit der ganzen, morschen, aus den Fugen
schlotternden Welt! Ich, der Titan, vollends in Trümmer

will ich sie schlagen! Und glaubt nicht, daß, wenn ihr
Geister die Trümmer ins Nichts hinübertragt, ich über die
verlorene Schöne klagen werde! Mögt ihr es, die ihr, als
Gottes Knechte, freilich zufrieden sein müßt mit dem, was
er euch beschieden! ihr, die ihr in alle Ewigkeit euch in
seinem Glanze badet! Ich bin nicht sein Diener, nicht sein
Knecht und — „muß ich nicht sterben"?

Was hilft dem Menschen das bißchen Erdenglück, das
höchste Erdenglück: der Kuß der Geliebten, das Lächeln
seiner Kinder, wenn er doch sterben muß?

Es ist die Angel, um die sich im Kain alles dreht.
„Muß ich nicht sterben?" ist seine Antwort auf des Vaters
Frage: „Lebst du nicht?" Die grause Notwendigkeit des
Todes ist das Thema, um das es sich schließlich in seinen
Disputationen mit Lucifer allein handelt. Und zuletzt muß
er selbst, indem er den Bruder erschlägt, das grause Rätsel
lösen, soweit es sich von Menschen lösen läßt.

Übrigens ist ‚in seinen Disputationen mit Lucifer' ein
falscher Ausdruck. Faust disputiert mit Mephisto und kann
mit ihm disputieren, denn sie sind die Repräsentanten der
zwei, nicht in Fausts, wohl aber in Goethes Brust lebenden
Seelen: der idealistischen und der realistischen. Kain und
Lucifer sind ein Herz und eine Seele, singen dasselbe Lied,
bei dem nur Lucifer die obere, Kain die untere Stimme
hat. Meinungsdifferenzen zwischen ihnen kommen nicht vor;
und wenn Lucifer von Kain verlangt, er solle vor ihm
niederfallen und ihn anbeten, so hätte Kain das in Gottes
Namen thun können, ohne sich mehr zu vergeben als Lord
Byron, wenn er vor Lord Byron auf den Knien lag, was
er stets that selbst in den Momenten, in welchen Lord
Byron die ganze Welt inklusive Lord Byron verfluchte.

Und man kann nicht einmal behaupten, daß Kain von

seiner Fahrt mit Lucifer durch den Weltenraum und die Hölle wesentlich wissender zurückkommt, als er gegangen ist. „What do they know?" — die Sterblichen nämlich, fragt Kain einmal vor der Fahrt und beantwortet sich selbst die Frage: „That they are miserable. What need of snakes and fruits to teach us that?" Ein anderes aber lehrte ihn Himmel und Hölle auch nicht. Höchstens daß er im Anblick ihres herrlichen Glanzes und ihrer finstern Majestät den Erdenwurm, der er ist, noch tiefer verachten, seine Ab= hängigkeit von dem da droben noch grimmiger hassen lernt, was denn immerhin eine dramatische Steigerung wäre, die allerdings sehr notwendig ist, um den dann folgenden Tot= schlag Abels zu motivieren. Denn er haßt ja den Bruder nicht; und nicht ihm gilt der Keulenschlag, sondern dem Gott, vor dem jener anbetet, und den er zerschmettern möchte, um zu erfahren, daß nihil et nemo contra deum nisi deus ipse.

Oder hat der Dichter überhaupt da hinausgewollt? Und den Zwiespalt, den er in sich selbst nie auch nur für einen Moment überwinden konnte, in Gott hinein projizieren, der ebenso mit Lucifer durch alle Ewigkeiten ringen muß, ohne des Gegners jemals Herr werden zu können?

Wer möchte es mit Sicherheit aus einem Gedichte herauslesen, in dem es auch ohne das von unergründlichen Dunkelheiten und klaffenden Widersprüchen wimmelt! Oder wie könnte man Lucifers Zusicherung: „Thou canst not all die — there is what must survive" vereinigen mit dem Wort des biblischen Herrn: „Nun aber, daß er nicht ausstrecke seine Hand und breche auch von dem Baume des Lebens, und esse, und lebe ewiglich," das doch im Verein mit dem Wissen von gut und böse, der Folge des Essens vom Baume der Erkenntnis, die magna charta, sozusagen, des Verhält=

niffes des primitiven Gottes zu den primitiven Menschen und vice versa und zugleich auch die Basis ist, auf der sich das Drama Kain aufbaut? Oder den seltsamen Umstand erklären, daß Kain durchaus nicht weiß, was der Tod ist und den erschlagenen Abel schlafen glaubt, den er doch eben noch erst das Lamm für das Brandopfer hat abwürgen sehen? —

Ist nun aber der Kain, wie alle „Mysterien", notwendigerweise ein Versuch der Quadratur des Zirkels, so kann der, ein Gedicht auf die Bühne zu bringen, das nichts anderes ist als der drei Akte lange Schrei eines überstolzen, in der Qual seiner Ohnmacht zuckenden Herzens nicht besser ausfallen. Engel, die mit Menschenzungen reden; Geister, die sich vermessen, die Pforte der Hölle aufzureißen, oder den Schleier der Isis zu heben und uns nichts zeigen und sagen können, als was wir alle wissen — damit ist es ein böses Ding, wenn man es liest. Und wird wahrlich nicht besser, eher schlimmer, wenn man es hört und sieht. Mag der Schauspieler sein Gesicht in noch so feierliche Falten legen, noch so lange Fittiche an seine Schultern heften, seiner Stimme einen noch so geheimnisvollen Klang geben — wir sind ja nun einmal leider keine Kinder mehr und glauben nicht daran. Nun erst recht nicht. Und alle Phantasmagorie der Dekoration mit ihren Sonnenauf- und Untergängen und gestirnten Himmeln hilft uns nicht darüber weg.

XIV.

Gerhart Hauptmanns „Die Weber".

Heldlos erscheint euch das Stück? Wie
denn? Durch sämtliche Akte,
Wachsend in riesiges Maß, schreitet als
Helbin die Not.

Als ich „Die Weber" nur erst aus der Lektüre kannte,
sagte ich zu mir, im Sinne der alten Schule denkend: Sehr
trefflich, durchweg bedeutsam, stellenweis großartig! aber,
trotz alledem, dies ist doch keine Tragödie, nicht die Nach=
ahmung einer Handlung, welche notwendig einen Mittelpunkt
und Träger haben muß, den man den Helden nennt. Wer
denn wäre hier der Held? Im ersten Akte könnte man vermuten, daß der „rote" Bäcker, der in seiner kraftvollen
Opposition gegen den Fabrikanten über das verkommene
Volk um ihn her um Haupteslänge hervorragt, sich in der
Folge dazu qualifizieren werde. Aber im zweiten Akte schon,
aus dem er verschwunden ist, scheint der entlassene Soldat
Moritz Jäger an seine Stelle und an die Spitze der sich
vorbereitenden Bewegung zu treten. Doch auch mit dieses
jungen Mannes Heldenqualität steht es mißlich: man kann
ihm weiterhin nur die Rolle eines der Rädelsführer zubilligen.
Um im dritten Akte mit dem Helden herauszukommen, da=
mit wäre es nun wohl allewege zu spät; aber auch der
dritte Akt und die noch folgenden sind nach dieser Seite
nicht ergiebiger, und so kam ich zu dem obigen Schluß, der
dem Stücke den Helden absprach und mit dem Helden den
Rang und die Würde einer vor Meistern und Gesellen ge-
rechten Tragödie.

Aber, mußte ich mich weiter fragen, wer sagt dir denn,
daß der Dichter überall eine solche gewollt hat? Ist es nicht
ein Dogma der neuen Schule, daß dergleichen sogenannte
regelrechte Kompositionen unweigerlich zur Verletzung der
Bescheidenheit der Natur, zur Verschleierung und Verzerrung
der Wahrheit führen? Wir aber wollen Natur, wollen Wahr=
heit. Die finden wir nur, wenn wir das Leben nehmen,
wie es sich giebt: in seiner Zusammenhangslosigkeit, die sich
am Augenblick und seiner zeugerischen Urkraft genügen läßt,
ohne danach zu fragen, ob der nächste, nicht minder zeugungs=
kräftige, dem vorangegangenen freundlich oder feindlich ist.
So kann man denn wohl in einem Akt, besser noch in einer
Scene Natur und Wahrheit zu Ehren bringen; und wenn
ihr uns das von jedem, oder jeder unsrer aneinandergereihten
Akte oder Scenen bestätigen müßt, so haben wir unsre
dichterische Pflicht vollauf erfüllt.

Ich lasse die Berechtigung oder Nichtberechtigung dieser
Ansicht dahingestellt; nur will mich bedünken, daß die Ten=
denz der Phantasie, ihre Gebilde möglichst um einen Mittel=
punkt zu gruppieren, nach dem sie gravitieren, und von dem
wieder eine Kraft ausstrahlt, die bis zu jedem Punkte der
Peripherie zu dringen strebt, sich unweigerlich auch bei denen
geltend macht, welche diesen Mittelpunkt in seiner ästhetischen
Notwendigkeit leugnen, ja, in ihm den Krebsschaden alles
künstlerischen Schaffens sehen.

Als ich „Die Weber" las, vermißte ich peinlich einen
Helden; als ich das Stück aufführen sah, entdeckte ich zu
meiner freudigen Überraschung etwas, das ich gern als
Äquivalent des vermißten Helden gelten ließ: ich entdeckte
eine Heldin.

Diese Heldin ist die Not.

Genauer gesprochen: die Not der schlesischen Weber;

noch genauer zu sprechen: die Not der schlesischen Weber in den vierziger Jahren.

Respekt vor dieser Heldin! Sie nimmt es mit den Athleten der Heldensippe, mit einem Lear, Macbeth, Othello auf. Sie kommt nicht von der Bühne, auch im Salon des Fabrikanten nicht. Auch da steckt sie, ehe sie in voller Person erscheint, ihr bleiches Gesicht in die Reden der Herrschaften hinein. Und wie sie wächst und wächst! Wie das blutlose Geschöpf sich im ersten Akt vor den Augen des harten Herrn und vor sich selbst noch verstecken möchte! Wie es im zweiten ohne Scheu ihr Elend vor dir ausbreitet und die paar verhüllenden Lumpen von sich streift, daß der Jammer in seiner gräßlichen Nacktheit vor dir steht! Und immer wächst und wächst und die Knochenfinger um deinen Hals klammert und als fürchterlicher Alb auf deine Brust drückt, daß du nicht mehr atmen kannst und ersticken müßtest, wenn du dich nicht mit einem wilden Schrei befreitest, der zusammengellt mit dem Wutschrei der Heldin, die sich nun zu ihrer vollen Höhe und zu der That aufrafft, auf die alles und jedes in dieser ihrer seltsamen Tragödie mit unwiderstehlicher Kraft treibt und drängt: zur offenen Empörung gegen ihre Peiniger.

Von diesem Standpunkt gesehen — und, wie gesagt, ich habe ihn mir nicht gesucht, die Aufführung hat ihn mir gebieterisch angewiesen — ist das Stück von einer Einheitlichkeit und kraftvollen Konzentration, die nichts zu wünschen lassen, wenigstens nicht, solange man im vollen Banne des momentanen Eindrucks steht.

Dennoch, wie Großes auch Hauptmann hier geleistet, das Höchste ist es nicht, nicht im allgemein ästhetischen Sinn und nicht in der speciellen Beziehung auf ihn, der sicher noch Größeres zu leisten berufen und auserwählt ist. Und sehr würde ich beklagen, was nun leider unausbleiblich scheint:

daß sein Vorgehen Nachfolger fände und „die Weber" Schule
machten. Die Nachfolger möchten Nachtreter werden und
die Schüler eine Rotte, über die der Magister, auf dessen
Worte sie schwört, zuerst die Zuchtrute schwingen müßte.
Quod licet Iovi — Aber wehe, wenn sie losgelassen, frei,
ohne seine machtvolle Gestaltungskraft, ohne seine eminente
Gabe zu charakterisieren und zu individualisieren, sich auf
verwandte Stoffe stürzen und uns die Not der Bergleute,
der Nägelschmiede, der Cigarrendreher, der Leimsieder —
was weiß ich — ad aures et oculos zu demonstrieren unter=
nehmen! Es wäre damit, wie mit der schrecklichen Saat der
blechernen Ritterstücke, die nach Goethes Götz von Berli=
chingen überall aus dem deutschen Boden wuchs.

Ich bin sicher nicht der einzige, dem bei Gerhart Haupt=
manns „Webern" Goethes Götz wieder und wieder in Er=
innerung kommt. Ich denke dabei an die erste Niederschrift
aus dem Jahre 1771, nicht an die zweite, bald darauf er=
folgte, bereits abgeschwächte, geschweige denn an die dritte,
völlig verwässerte. Es wäre eine dankbarste Aufgabe, die
Parallele, die sich ungesucht zwischen der „Geschichte Gott=
friedens von Berlichingen mit der eisernen Hand, dramatisiert"
und den „Webern" darbietet, genau durchzuführen; ich muß
mich auf die Hervorhebung von ein paar in die Augen
springenden Punkten beschränken.

Wie heute, so damals zitterte durch die ganze junge
Generation die Ahnung einer Zukunft, die nur darum so
zu heißen schien, weil sie notwendig kommen mußte. Da=
mals war es die französische Revolution, deren Blutgeruch
in der Luft schwebte; heute glaubt man den Namen des
großen hereindrohenden Ereignisses schon zu wissen; man
munkelt ihn sich schaudernd in die Ohren; man schreit ihn
laut aus in tobenden Versammlungen von tausenden Brot=

und Arbeitsloſer. Damals waren die Propheten des er=
warteten Meſſias: Voltaire, Rouſſeau und die Encyklopädiſten,
heute: Marx, Laſſalle, Bebel und die Flut der Broſchüren,
von denen jede behauptet, daß es ſo nicht bleiben könne;
jede den Weg, auf dem einzig und allein zum Heil zu ge=
langen iſt, zu kennen glaubt. Und in der ſchriftſtelleriſchen
und künſtleriſchen Jugend der Ruf: Nieder mit den alten
Perücken! weg mit Puder und Schminke! à bas die ſchein=
heilige Dreieinigkeit von Handlung, Zeit und Raum! und
hoch die Natur! und abermals: die Natur!

Nur daß die äſthetiſch=revolutionäre Jugend eine deutſche
damals war und heute iſt, für welche die Natur aus erſter
Hand ſtets etwas Befremdliches hat und die ſie darum aus
zweiter Hand zu nehmen ſelten verſchmäht. Damals hieß
die zweite Hand: Shakeſpeare, heute heißt ſie: Zola, Ibſen,
Tolſtoj.

Aber die heutige Generation iſt in einer glücklicheren
Lage, als die von damals. Die Wirklichkeit der Dinge
umgiebt ſie zu dichtgedrängt; ſie können ſie nicht von ſich
weiſen; und die kraftvollen Talente wollen es auch nicht,
ſondern laſſen bald jene zweite Hand fahren und erfaſſen
keck und trotzig die erſte. Selbſt ein Goethe mußte noch,
um ſich einen dramatiſchen Helden nach ſeinem Sinn zu
ſchaffen, zweiundeinhalb Jahrhundert in das Mittelalter
zurückgreifen; Hauptmann brauchte nach den Menſchen, die
er nötig hatte, nicht ſo weit zu ſuchen. In dem an ſeinen
Vater gerichteten Vorwort zu den „Webern“ heißt es:
„Deine Erzählung vom Großvater, der in jungen Jahren,
ein armer Weber, wie die geſchilderten, hinterm Webſtuhl
geſeſſen, iſt der Keim meiner Dichtung geworden.“ Das
iſt denn freilich etwas anderes, als die Lektüre von Götzens
Geſchichte, wenn der alte Haudegen ſie auch ſelbſt mit ſeiner

eifernen Hand geschrieben. Nun brauchte der Dichter aller=
dings nicht zu fürchten, daß ihm die hinzufabulierte Gestalt
einer Adelheid zu sehr ans Herz wüchse und ihm das
Concept verdürbe. Und noch weniger stand für ihn zu be=
sorgen, es möchte ihn die packende Wahrheit, mit der er
die Not seiner Weber geschildert, hinterher gereuen, wie
seinen großen Vorgänger die ergreifenden Farben, in denen
er ursprünglich das Elend seiner gehudelten Bauern dar=
gestellt. Hätte er, der große Vorgänger, diese Farben doch,
wenn möglich, noch brennender gemacht! Hätte er seinen
Bauern, anstatt sie diplomatisch aus dem Stück hinaus=
zuweisen, in ihm einen noch breiteren, viel breiteren Raum
gewährt! Vielleicht wäre er dann doch auf den Gedanken
gekommen, der so nahe zu liegen scheint: seinen Götz nicht
unfreiwillig, sondern aus Herzensdrang an die Spitze der
Aufrührer treten und ihn, den Helfer und Beschützer aller
Armen und Elenden von jeher, schließlich als Vorkämpfer
für die „in den Kot getretenen" Rechte der Ärmsten und
Elendesten fallen zu lassen. Da hätte er freilich der Ge=
schichte, wie er sie vorfand, Gewalt anthun müssen; aber zu
einem wirklichen Helden wäre er gekommen, und wir hätten
heute eine wirkliche Tragödie mehr, anstatt einer dramati=
sierten Geschichte.

Oder es wäre ihm wenigstens aus der Bauernnot eine
Heldin für sein Stück erwachsen, wie Hauptmann für das
seine aus der Webernot.

Aber, wie damals, so heute brauchen die jungen Stürmer
und Dränger keinen Helden und keine Heldin. Sie wollen
Natur und Wahrheit; was darüber ist, ist vom Übel.

Und so wäre denn wohl hier das Dogma der Schule,
Wahrheit in der Dichtung zu bieten, die ganze Wahrheit
und nichts als die Wahrheit, zur großartigen That geworden.

Ich bin überzeugt, die Zuschauer, welche nach jener denk-
würdigen Matinee der „Neuen Freien Bühne" am 26.
Februar 1893 in tiefster Seele erschüttert, das „Neue
Theater" verließen, werden geneigt gewesen sein, es buchstäblich zu unterschreiben. Ob ihnen nicht aber doch nachträglich Zweifel daran aufgestiegen sind? Ob sie sich nicht
gefragt haben: war dies wirklich, wenn auch nichts als
Wahrheit, die ganze Wahrheit? die Wahrheit, auf welche
die Wissenschaft es abgesehen hat, und die ans Licht zu
bringen, sie auch allein in der Lage ist? Würde sie sich
bei ihrer Enquete damit begnügt haben, die Not dieser
Unglücklichen zu konstatieren? nicht nach den zureichenden
Gründen geforscht und dabei vielleicht herausgebracht haben,
daß mit nichten die Hartherzigkeit der Arbeitgeber die alleinige
Ursache des Weber-Elends in den vierziger Jahren war;
daß dieses Elend, wären jene die humansten der Menschen
gewesen, entstehen mußte infolge schlimmer Handelskonjunk-
turen und des unaufhaltsamen Umschwunges, der sich in
eben jener Zeit in der Textilindustrie vollzog und Maschinen-
arbeit anstatt der landläufigen Handarbeit gebieterisch forderte
zum Verderben derer, die der Forderung nicht nachkommen
konnten oder oft, sehr oft, jedes ihnen zur Verbesserung
ihrer Lage entgegengetragene, aufgedrängte Auskunftsmittel
stumpfsinnig von sich weisend, nicht nachkommen wollten,
und so freilich dem Elend rettungslos preisgegeben waren?
Von dieser ruhig-objektiven Betrachtung der Dinge, die der
Wissenschaft heilig ist, weiß Hauptmann in seinem Drama
nichts. Ich gebe zu, hätte er davon gewußt oder wissen
wollen und, wie die Not der Arbeiter, so die Hilflosigkeit
der Arbeitgeber gegenüber Verhältnissen, die ihnen über den
Kopf wuchsen, mit den entsprechenden kräftigen Farben geschildert, — der ungeheuren Wirkung, die sein Stück jetzt

hat, würde es sicher ermangeln. Dann aber möchte ich den
Naturalisten zurufen: wenn ihr, was euch ja kein Billig=
denkender verübeln wird, Wirkung wollt, so gebt wenigstens
zu, daß ihr sie nur auf Kosten der Wahrheit haben könnt,
eben der Wahrheit, an welcher sich, wenn man euch hört,
die Dichter der alten Schule so gröblich versündigen.

Nun, mögen die Anhänger der neuen walten! Nutz= und
verdienstlos ist ihr heißes Bemühen, ihr ehrliches Streben
sicher nicht. Und vielleicht findet doch einer oder der andere
von ihnen heraus, daß reinste Natur und höchste Kunst
nicht so feindlich sich gegenüberstehen, wie es ihnen heute
scheint.

XV.

„Der Biberpelz“.

Ist es genug? — Nein, Meister! — So
noch ein Fell und ein Fellchen!
Siehst du, mein Junge, vielleicht wird es
zuletzt doch ein Pelz.

Den Mut seiner Meinung haben, gilt allerwege für ein
gutes Ding, das nicht nur ehrenwert für die betreffende
Person ist, sondern — worauf vielleicht noch mehr Gewicht
zu legen — der Sache, um die es sich handelt, zu statten
kommt. Das letztere allerdings in einem höheren Sinne,
als dem der Partei, die — wäre sie sonst Partei? —
Iliacos intra oder extra muros kämpft, auf deutsch: mit
ihren individuellen Fehlern und Sünden behaftet ist, und
der es daher leicht begegnen kann, daß sie gerade in der
Person ihres Vorkämpfers: des meinungsmutigen Mannes,
der sich am nachdrücklichsten zu ihrer Farbe bekennt und
diese Farbe am deutlichsten affichiert, am schwersten getroffen
wird. Das mag für die Partei sehr schmerzlich sein; aber
dem Streitobjekt gereicht es zum Vorteil: jeder Kampf um
seinen Besitz trägt zu seiner Klärung bei, erhöht seine Kost=
barkeit, oder deckt seinen Minderwert auf. Und schließlich
wird auch der meinungsmutige, aber diesmal nicht glückliche
Vorkämpfer im Interesse seiner Partei gehandelt haben, die
vielleicht gerade der verfehlte Angriff belehrt, daß es ent=
weder auf diesem Wege überall nicht geht, oder sie doch
den Weg mit größerer Vorsicht und Umsicht weiter schreiten
muß, wenn er zu dem erwünschten Ziele führen soll.

Man mag gegen Gerhart Hauptmanns „Biberpelz"
alles mögliche einzuwenden haben; daß der Verfasser nicht
den Mut seiner Meinung gehabt, darf niemand behaupten.
Seine Meinung aber ist, daß ein Drama — oder muß ich
sagen: Theaterstück? — keinen erkennbaren Mittelpunkt zu
haben braucht; daß es bei Aufführung eines solchen Ge-
bäudes genügt, einen Stein an den andern zu reihen, ein
Stockwerk auf das andere zu setzen, ohne sich um den
Grundriß den Kopf zu zerbrechen, oder sich um die Fassade
graue Haare wachsen zu lassen. Hat er es fertig gebracht,
uns ein Lebensfragment vorzuführen, für welches er in
jedem Punkte den Beweis der Naturwahrheit antreten kann,
verschlägt es ihm nicht im mindesten, ob der Zuschauer den
Zusammenhang des Fragments mit dem Ganzen des Menschengetriebes, seine Zugehörigkeit zu diesem Ganzen, seine
Bedingtheit durch dieses Ganze herausfindet, oder nicht.
Mag er zusehen, wie er mit der Aufgabe fertig wird!
Sind sein Denkvermögen, seine Welt- und Menschen- und
Gesellschaftskenntnis, seine Phantasie ihr nicht gewachsen —
um so schlimmer für ihn!

Es sind das nebenbei dieselben Prinzipien, nach denen
ein Maler bei seinen Naturstudien operiert. Ob dieser
Weg hier, am Rande des Blattes, in einen Abgrund sich
zu verlieren scheint, ob der Bach da infolge der wunder-
lichen Durchschneidung der Linien bergauf zu laufen scheint
— diese und andere Kuriosa und scheinbaren Absurditäten,
was kümmern sie den eifrigen Mann? Er ist zufrieden,
wenn sein gieriges Auge jede Zufälligkeit des Vorwurfs
mit seinem unentwirrbaren Zickzack der Linien, seinen sich
einander anschreienden Farbentönen kraftvoll erfaßt, seine
rapide Hand das alles auf die Leinwand gebracht hat.
Mag ein anderer daraus nicht klug werden — er hat für

keinen anderen, er hat für sich gearbeitet. Es fällt ihm nicht ein, die Skizze, wie sie da ist, in einen kostbar= anspruchsvollen Rahmen zu fassen und auf die Ausstellung zu schicken. Was er später dahin schickt, ist die Skizze, und ist sie auch wieder nicht: ein Etwas, das seine Her= stammung weder verleugnet, noch verleugnen will, aber dem kostbaren Rahmen ein= und angepaßt wurde, so daß inner= halb dessen nichts Unverständliches, Unausgegorenes, Unaus= getragenes zurückblieb, vielmehr alles — Linien und Farben — harmonisch ineinanderklingt; mit einem Worte, hervortritt, was man ein Kunstwerk nennt und nennen darf.

Gerhart Hauptmann kann diese Parallele nicht bis zu Ende gelten lassen. Er wird dafür halten, daß, was anderen Studie scheint, ihm das Kunstwerk und was jene Kunstwerk nennen, in seinen Augen nichts als die durch Künstelei verzwickte, durch Hineintragen von Willkürlichkeiten ballhornisierte, um Wert und Würde gebrachte erste und einzig wahre und bedeutsame Äußerung des künstlerischen Ingeniums.

Um diesen streitigen Punkt dreht sich, wenn man alles in allem nimmt, der Kampf der Alten und Jungen.

Nun hat es freilich Gerhart Hauptmann auch bei seinen früheren dramatischen Leistungen an dem Mut seiner Meinung nicht gebrochen. Aber mir will doch scheinen, als ob er in „Vor Sonnenaufgang", dem „Friedensfest" und den „Einsamen Menschen", trotz der neuerungsfreudigen Wahl widerhaarigster Stoffe, der gewissenhaften Akribie in der Darstellung peinlichster Situationen, der liebevollen Aus= malung von Personen, denen man im gewöhnlichen Leben möglichst weit aus dem Wege geht (und früher in der Kunst aus dem Wege ging), doch mit den alten dramatischen Herkömmlichkeiten gewissermaßen paktiert. Man kann hier

doch noch von einer mehr oder weniger geschlossenen Hand=
lung mit ihrem Zubehör reden. Sehr wesentlich anders
stellt sich die Sache bereits in den „Webern“ und im
„Kollegen Crampton“. Dennoch glaube ich mit Fug darauf
hingewiesen zu haben, wie auch in den „Webern“ die im=
manente Tendenz des Dramas nach harmonischer Gliederung
und befriedigender Abrundung, ob mit, ob wider Willen des
Verfassers, bis auf einen allerdings recht fühlbaren Bruch
zu ihrem Rechte kommt. Wiederum macht „Kollege Crampton“
die Konzession an das Hergebrachte, eine Person in den
Vordergrund zu stellen und um diese eine Person die an=
deren so zu gruppieren, daß für den Zuschauer, trotzdem
von einer Handlung im strengeren Sinn nicht die Rede ist,
das wohlthuende Gefühl einer gewissen Einheitlichkeit und
Zusammengehörigkeit der diversen ihm vorgeführten Scenen
nicht völlig verloren geht.

Von dergleichen Anbequemungen und Zugeständnissen
weiß „der Biberpelz“ nichts, es müßte denn etwa der Titel
selbst sein, der — ich will nicht sagen: sich den Anschein
giebt, aber doch den Anschein hat, die Würde und Bedeutung
eines gewissen zerbrochenen Kruges zu arrogieren, was dem
Dichter sicher nicht im Traume beigekommen ist, der zweifellos
sein Stück ebensogern „Zwei Meter Holz“, oder „der Reh=
bock“ und vielleicht am liebsten gar nicht benannt hätte außer
mit dem jetzigen Zusatztitel: „Eine Diebskomödie“ — das
letztere freilich auch mit der reservatio mentalis, daß er
sich unter Komödie das Seine denken darf, und es nur mit
den Dieben seine zweifellose, jeder Weise der Auffassung ge=
nehme Richtigkeit hat.

Ebenso wie mit dem „Ort des Geschehens irgendwo
um Berlin“ — eine Notiz, die im Grunde recht über=
flüssig ist, da Rixdorf und die Spree wiederholt in dem

Stücke erwähnt werden, während unerfindlich bleibt, was der „Septennatskampf", welcher als „Zeit" der Vorgänge ausdrücklich genannt wird, mit diesen zu schaffen hat. Wenn es sich um die schlesischen Weberunruhen handelte! — da hat der direkte Hinweis auf die vierziger Jahre seine historische Berechtigung. Aber hier! Das moralische und ökonomische Milieu, in welchem sich die Menschen des Stückes bewegen, ist vor und nach dem Septennat so genau dasselbe gewesen, wie ein Biberpelz vor und nachher ein Biberpelz war; und wird so bleiben, bis die Sonne der Socialdemokratie nicht bloß aufgegangen ist, sondern Zeit gehabt hat, den feudal- manchesterlich-kapitalistischen Sumpf unsrer heutigen Zustände bis auf den Grund auszutrocknen und jedem verkommenen Rixdorfer ein Sonntagshuhn in den Topf zu schaffen, ohne daß er es zu mausen braucht.

Aber vermutlich haben dem Dichter dergleichen national= ökonomische Erwägungen ganz fern gelegen, und das Sep- tennat, als Zeitbestimmung, ist weiter nichts als eine — man verzeihe das Wort! — Schrulle der modernen Schule, die nun einmal von dem „Milieu" alles Heil erwartet und eine Sünde gegen dessen heiligen Geist begangen zu haben glaubt, wenn sie anzugeben vergißt, daß der „mit der Lehne an das Bett gestellte Stuhl" — wie in der Anordnung der Scenerie des ersten Aktes unsers Stückes ausdrücklich bemerkt wird — „aus weichem Holz" ist*).

Dafür ist denn freilich dieselbe wissenschaftliche Achtung

---

*) Möglich, daß dies nur eine provinzielle Bezeichnung für Tannen- holz, oder dergl. Die Übertreibung der Genauigkeit in Angabe ganz irre- levanter Nebendinge bleibt dieselbe. Ich rechne zu solchen auch die „billigen Photographien in noch billigeren Rahmen" und die „Öldrucköpfe in Visiten- kartenformat", welche — nach Angabe des Dichters — in dem „zweiten Raum" hängen, wo sie zu entdecken auch dem schärfsten Opernglase un- möglich sein dürfte.   A. v. X.

vor dem scheinbar Kleinsten und Unbedeutendsten auch da
zu spüren, wo sie am Platze: in der mikroskopischen Beob=
achtung und Herausarbeitung der Charaktere. Hier darf
und muß man dem Dichter ein volles Lob spenden und be=
kennen, daß er der Theorie seiner Schule: der Natur so
nahe wie möglich auf den Leib zu rücken, eine in ihrer
kühnen Konsequenz verblüffende praktische Folge gegeben hat.
Näher geht es eben nicht. Die vergriffene Wendung: „aus
dem Spiegel gestohlen" kommt einem unwillkürlich in die
Feder. Die Menschen, um die es sich handelt, stehen auf
der gesellschaftlichen Stufenleiter recht tief und auf der
geistigen nicht höher, aber es sind volle, runde, ganze
Menschen, charakteristisch in jeder Einzelheit ihres Thuns
und Lassens, jeder Regung ihres Gemüts, jeder Wendung
ihrer Rede. Ich müßte, das zu erhärten, das ganze Stück
Akt für Akt, Scene für Scene durchgehen; ich müßte das
ganze Buch ausschreiben. Nur bei der Figur des Amts=
vorstehers könnte einen nach dieser Seite ein leiser Zweifel
beschleichen. Indessen, wie ungeheuer borniert der Mann
auch erscheint, der Beweis, daß es weder zur „Zeit des
Septennatskampfes", noch vorher, oder nachher seinesgleichen
nicht gegeben habe, möchte schwer zu erbringen sein. Mit
einem Worte: diese kleine Diebswelt uns in greifbarer
Wahrheit vorzuführen, ist dem Dichter aufs herrlichste ge=
lungen, und so hat er den ersten Teil seines Versprechens
voll eingelöst. Wie aber steht es mit dem zweiten? Wie
steht es mit der verheißenen Komödie?

Daß in dem Stück eine reiche Fülle komödienhafter
Ingredienzien steckt, ist auf den ersten Blick klar. In den
Scenen, in welchen der polizeilichen und amtsvorsteherlichen
Weisheit von den schlauen Dieben die längsten Nasen ge=
dreht werden, sonnt sich behaglich der köstlichste Humor,

von welchem auf die beiden Figuren der „Wolffen" und des „Amtsvorstehers" der Löwenanteil in so gleichem Maße fällt, daß man nicht weiß, wem der Preis gebührt. Jede ist in ihrer Weise unübertrefflich; aber auch alle andern — mit Ausnahme etwa des „Doktor Fleischer", der vom Dichter ein wenig stiefväterlich bedacht ist — sind Gestalten, wie sie nur der echte Komödiengenius erfinden und bilden kann. Und über dem ganzen Stück blaut der reinste heiterste Komödienhimmel. Es sind ja recht böse Streiche, welche „die Wolffen" da vor unsern sehenden Augen plant und ausführt; aber wer kann dem verschmitzten, schlagfertigen Weibe böse sein? Wer ihr nicht aufs Wort glauben, wenn sie versichert, es werde ihr nie in den Sinn kommen, arme Leute zu be= stehlen, sondern nur die, die es übrig haben und deren Eigentum in ihren Augen eben wieder Diebstahl ist? Daß das Ding auch seine sehr ernste Seite hat, zu der Betrachtung läßt uns der Dichter in seinem Übermut gar nicht kommen.

Und gerade hier, wo er den Gipfel komödienhafter Heiterkeit erstiegen zu haben scheint, glaube ich, daß er ge= strauchelt ist; gerade dieser sein Übermut, deucht mir, hat es zu verantworten, wenn sein in so vieler Beziehung aus= gezeichnetes, mit so reichen komödienhaften Requisiten erfülltes Stück doch keine echte und rechte Komödie geworden ist, und das Publikum das herausgefunden und mit seinem Beifall gekargt hat, blieb ihm auch, wie das so zu sein pflegt, der tiefere Grund seines Mißfallens und Unbefriedigtseins ver= borgen. Das Publikum hat gewiß nicht, um den Wert des Werkes zu bestimmen, es an dem Maßstab von Aristo= phanes' „Vögeln" gemessen; aber es hat das instinktive Gefühl gehabt, daß es mit einer Aneinanderreihung drolliger und ergötzlicher Scenen, mit dem Vorführen diverser aufs schärfste beobachteter komischer Charaktere nicht gethan sei,

vielmehr dies vorgeführte Fragment in das Ganze des
Menschengetriebes irgendwie eingeordnet sein müsse, wenn
es das volle ästhetische Wohlgefallen hervorrufen soll. Man
möge sich wohl hüten, dies Gefühl, wie dunkel es auch sei,
mit dem philiströsen Wunsch nach einem fabula docet, oder
auch nur der banalen Neugier, ob sie sich kriegen, in unserm
Falle: ob sie (die Wolffen) nicht doch endlich gekriegt wird,
zu verwechseln! Die Sache liegt viel tiefer; liegt da, wo
die Mütter hausen, aus deren geheimnisvollem Schoße die
Kunst geboren wurde, und die sich nicht spotten lassen, wenn
man ihnen auch noch so keck ihre Fürchterlichkeit abspricht
und sie für lächerliche Scheuchen erklärt, welche nur junge
lebensfreudige Vögel von dem Genuß der süßen Kirschen
wahrhaftiger Poesie abhalten wollen.

Ich schreibe diese Sätze nieder auf die Gefahr hin, daß
sie von einer Reihe derer, die ich mir gerade zu Lesern
wünsche, für ödes Phrasengeklingel erklärt werden. Die
Gefahr läuft jeder, der zu überhitzten Gemütern ruhig
spricht, und sie ist heute bei weitem nicht mehr so groß als
vor einiger Zeit, die ich nicht bemessen will und kann.
Immerhin ist inzwischen eine Beruhigung der Geister ein=
getreten; man hat auf seiten der Konservativen die Verdienste,
welche sich die Neuerer um die gemeinschaftliche Sache er=
worben haben, schätzen gelernt, in erster Linie die von ihnen
bewirkte Erweiterung des Stoffgebietes in jeder Kunstsphäre
und die durch ihr Drängen und ihr Beispiel bereicherte
Technik. Wiederum haben diese Zeit gehabt, die Trümpfe
auszuspielen, die sie für ihre besten hielten, und zu ihrer
Verwunderung erfahren müssen, daß deren vorausgesetzte
Stechkraft versagte und das Spiel verloren ging. Gerhart
Hauptmanns, ihres radikalsten dramatischen Vorkämpfers
„Biberpelz" ist ein schlagender Beweis dafür. Wieviel ist

an dem Stücke nicht zu loben! Wie schön zeigt sich an ihm seines Autors intime Menschenkenntnis, die in Herz und Nieren dringt; innige Nächstenliebe, die den Ärmsten im Vermögen und Elendesten im Geist noch wohl will; köstlicher Humor, der in der verschlagenen Diebin das Herz entdeckt, welches bei dem Anblick unschuldsvoller Kindheit sich weit öffnet! Und daß man einem solchen Werke doch den ersten Preis nicht zuerkennen kann!

XVI.

„Hannele“.

Hannele, du hast es gut! Wenn wir
einst sterben, nur einer
Sämtlicher Engel: der Tod stehet an
unserem Bett.

Wer den Dichter verstehen will, muß in des Dichters
Lande gehen. Ein weises Wort, dessen Tiefe aber nicht
erschöpft, wer dabei nur an Land und Leute — an das
äußere Milieu denkt, in und an welchem der Dichter zum
Dichter geworden. Es giebt noch eine andere Region, in
die man wandern, sich versenken, innig hineinleben muß
— ich meine das Gemüt des Dichters in seiner besonderen
Färbung und Qualität; hineinleben muß, bis man die ruling
passion erkannt und begriffen hat: die Leidenschaft, das
Pathos, welches zu allen Melodien seiner Seele den Grundaccord giebt.

Und so werden wieder Dichtungen, wie Hamlet, Nathan,
Faust, die Räuber, Manfred, aus denen dieser Grundaccord
uns am vollsten, mächtigsten entgegentönt, uns am tiefsten
bewegen, am festesten ans Herz wachsen, am innigsten mit
dem Leben unsrer Seele sich verbinden, vorausgesetzt, daß
sie auf denselben oder doch einen harmonierenden Accord
gestimmt ist.

Wer Gerhart Hauptmanns dichterisches Schaffen teil-
nehmend verfolgt hat, kann über das in seiner Seele mäch-
tigste Pathos nicht im Zweifel sein. Es ist die Liebe zu,
das Mitleid mit den Armen und Elenden. Nach seiner

Empfindung bedürfen die in der lichten Atmosphäre der Bildung und des Wohlstandes Wandelnden so wenig des Dichters, wie die Gesunden des Arztes. Aber wo das Licht flackert und trübe wird: in der Behausung der einsamen und verworrenen Menschen, oder wo es erlischt, und un= durchbringliches Dunkel sich breitet über die Höhlen der physischen und moralischen Verkommenheit und die Spelunken des Lasters — da, wo anderen der Atem ausgeht, sie sich von Ekel überwältigt abwenden, da, gerade da fängt sein Herz mächtiger an zu klopfen, schwillt höher seine Brust, fühlt er, weiß er, daß er den Boden betreten, wo sein Fuß am sichersten wandeln, sein Dichtergenius am weitesten die Schwingen entfalten kann.

Er hat in seinen früheren Dramen das Gebiet des see= lischen und physischen Elends nicht nach allen Richtungen durchmessen — wer vermöchte das? — aber er war auf der eingeschlagenen Linie an einen peripherischen Punkt gelangt, über den es so nicht hinausging. Weiter als in den „Webern" konnte er den Jammer zertretener Menschenexistenz nicht ver= folgen. Der Schuß, der den schuldlosen Greis an seinem Webestuhle niederstreckte, war der letzte in dem Kampf der Elenden um ein menschenwürdiges Dasein. Dann Todesruhe. Und sie wäre das letzte? Für sie, die sich sattgeschwelgt haben an der üppigen Tafel des Lebens, daß ihnen vor dem Dasein ekelt; für solche, die sich aus der eisigen Quelle der Philosophie Resignation ein für allemal trinken, mag Nirwana das letzte und das Ziel sein, „aufs innigste zu wünschen". Aber die andern, die Tausende und Abertausende, die sich von den trockenen Brosamen, so von des Reichen Tische fallen, küm= merlich in Thränen nähren; von dem Glauben zehren, daß, wenn es auch keine Gerechtigkeit auf Erden giebt, der Vater im Himmel Gerechtigkeit üben und die geistig Armen, die

Friedfertigen und Sanftmütigen in sein Himmelreich retten
werde — ihnen nimmst du alles mit diesem Glauben, ihnen
läßt du eines mit diesem Glauben: die Kraft und Geduld,
ihre Last zu tragen. Und wenn die Kraft bricht und die
Geduld veratmet und der Tod vor ihrem Strohlager steht,
die letzte Stunde, verklärt vom Wiederschein einer seligen
Welt, aus der die Engel herniedersteigen und ihn in weichen
Armen hinübertragen dahin, wo keine Thränen mehr fließen.

Ein Dichter, wie Gerhart Hauptmann, der sich so tief
in die Seelen der Armen und Elenden hineingelebt hat, mußte
ihnen eines Tages auch in die einzig lichte Region ihres Ge-
mütslebens folgen, die so hart an die dunkelste Verzweiflung
grenzt, ja, erst aus ihr geboren wird. Es war die einfache,
unabweisbare Konsequenz. So dichtete er sein „Hannele".

Ich meine, wer das Stück nicht unter diesem Gesichtswinkel sieht, er kann es nicht verstehen und würdigen; er
wird wohl gar spöttisch lächeln und eine geschmacklose, ja,
unheilige Maskerade da sehen, wo es dem Dichter doch so
heiliger Ernst war, und er den Zuschauer, der willig auf
seine Idee eingeht, mit heiligem Ernst und tiefer Rührung
erfüllt.

Und so könnte ich hier schließen, nachdem ich gesagt, was
nach allem über das Werk bereits scharfsinnig oder blöde,
lobend oder tadelnd Geäußerten zu sagen etwa noch übrig
blieb. Trotzdem möchte ich mit einigen weiteren Betrachtungen
nicht zurückhalten, weil sie mir in der Linie der Aufgabe zu
liegen scheinen, die ich mir stellte, als ich diese Berichte für
das „Magazin" zu schreiben begann: der Aufgabe, wo möglich
eine Verständigung herbeizuführen in dem Streit zwischen der
älteren und der neueren Dichterschule.

Was aber jene dieser hauptsächlich zum Vorwurf macht,
ist, daß sie mit ihrem Dogma und ihrer Praxis der Natür-

lichkeit um jeden Preis, die Phantasie erstickt, die doch allein
einem Werke den lebendigen Odem einhauchen, einzig und allein
es zu einem Kunstwerke machen kann. Ich habe wieder und
wieder auf den Mißverstand hingewiesen, der darin liegt, wenn
die jüngere Schule in diesem Vorwurf ihren Ruhmestitel sieht.
Oder wann und wo käme sie ohne den Beistand der ent=
thronten Göttin aus? wann und wo müßte sie nicht helfen,
dem Naturalisten das Concept zu korrigieren, seine Gestalten
zu modeln, die Handlung — und wäre sie die der kleinsten
Novellette, des kürzesten Einakters — zurechtzurücken? Das
haben die Verständigen der Schule auch längst begriffen und
wollen nur die Schwingen der Phantasie gestutzt wissen, auf
daß sie nicht über die Bescheidenheit der Natur hinaus ins
Grenzenlose, Inkommensurable schweife. Weitschauende Zei-
chenbeuter unter den Älteren erklärten, es werde sich über
kurz oder lang diese unnatürliche Enthaltsamkeit rächen und
aus den Verächtern der Phantasie Phantasten machen. Auf
den Gebieten der Malerei und Bildnerkunst ging die Prophe=
zeiung zuerst buchstäblich in Erfüllung; in der Dichtkunst,
wo die Evolutionen immer ein langsameres Tempo haben,
war bisher wenig davon zu spüren. Und nun kommt er,
in dem die jüngere Schule einen ihrer besten Männer sieht,
und schafft ein Werk, so — bis auf die nötige naturalistische
Basis — losgelöst von jeder erdenschweren Bedürftigkeit, so
extravagant phantastisch, daß die verflogenste blaueste Ro=
mantik etwas dem gleiches kaum aufzuweisen hat.

So scheint es, aber scheint auch nur. Bis auf einen
kleinen Rest etwa ist der Dichter von Hannele den Prinzipien
seiner Schule nicht untreu geworden. Er kann und wird
entgegnen: was ich mein Hannele träumen lasse, ist streng
in der Logik der erhitzten Fieberphantasie eines im katholischen
Ritus erwachsenen gläubigen Kindes. Das Hineinspielen

von Reminiscenzen aus den Märchen, die Mutter und Ge=
vatterinnen der Kleinen erzählt haben, in die religiösen
Hallucinationen ist abermals psychologisch unanfechtbar. Und
wenn ich auch nicht beweisen kann, daß sich in dem Gehirn
eines Sterbenden alles so abspielt, wie ich es sich abspielen
lasse — aus seiner Sterbestunde hat noch keiner authentischen
Bericht abgestattet, und so seid ihr jedenfalls den Gegen=
beweis zu führen außer stande. Und was den kleinen Rest
betrifft, den ihr doch nur meinen könnt: daß ich die Engel,
den Heiland in wohlgebauten Versen sprechen lasse — nehmen
wir an, das Kind war eine geborene Dichterin, die nur das
Elend und der frühe Tod an der Entfaltung ihrer glänzen=
den Gaben verhinderten — wo bleibt da die Unnatürlichkeit?
Wer kann die Höhe ermessen, zu welcher sich der Genius
eines so gottbegnadeten Geschöpfes in der Sterbestunde auf=
zuschwingen vermag?

Wahrlich, ich muß den Dichter gegen den erhobenen
Einwand in Schutz nehmen: er ist nicht im üblen Sinne
phantastisch geworden; er hat nur von seinem guten Rechte
Gebrauch gemacht, d. h. die Phantasie voll walten lassen
innerhalb der Schranken, welche ihm das Dogma seiner
Schule vorschreibt, und damit, nach meinem Dafürhalten,
einen wahrhaft poetischen Erfolg erzielt, den sich die Schule
mit Fug und Recht in ihr Gewinnkonto schreiben darf.

Aber wie willig ich sein Werk als ein einheitliches,
volles, rundes Kunstwerk anerkenne, wie mächtig es mich
ergriffen, wie innig es mich gerührt hat, an die großen
Aufgaben des Dramas ist mit ihm doch eben erst gerührt.
Er wird nun zu zeigen haben, daß er mit seinen natura=
listischen Prinzipien und seiner diesen Prinzipien treuen
Praxis auch jenen gewachsen sei und in die Abgründe der
von gewaltigen Leidenschaften durchwühlten Menschenseele

ebensotief zu tauchen verstehe, wie in die Geheimnisse der
Sterbestunde eines unschuldvollen Kindes.

Wird er es zeigen können? wird er dem frommen und
getreuen Knecht gleichen, der über wenigem getreu gewesen
war, und den der Herr über vieles setzte?

Wäre es der Fall, ich wüßte nichts, worüber alle
wahren Verehrer der Kunst eine herzlichere Freude empfinden
würden.

XVII.

„Florian Geyer".

Hole der Geier den Geyer! Nun will ich
einmal einen Helden —
Siehe! da läßt mich der Held trotz meiner
Mühen im Stich!

Es bedurfte keines Prophetenblickes, um vorauszusehen,
daß Hauptmann nach den „Webern" früher oder später
den Bauernkrieg als Stoff zu einem Drama wählen müsse.
Noch viel fester stand: es werde der Versuch mißlingen,
wenn er nach der in den „Webern" befolgten Methode in
Angriff genommen würde. Hier wurde freilich die Hinfällig=
keit der naturalistischen Gepflogenheit: ohne Helden und ohne
eigentlich so zu nennende Handlung ein Drama aufbauen zu
wollen, vor dem Auge der Unkundigen wenigstens, verdeckt
durch eine Reihe dem Dichter äußerst günstiger Umstände.
Das Thema, wie er es sich zurechtgelegt, war verhältnis=
mäßig einfach: die durch rücksichtslos=ausbeuterische Fabri=
kanten hervorgerufene grenzenlose materielle Not und geistige
Versumpfung einer, wie die Schafe in der Hürde, so in
wenigen Gebirgsdörfern zusammengedrängten Arbeiterbevölke=
rung. Er brauchte nur Elend auf Elend zu häufen, um
seiner Wirkung sicher zu sein auf ein Publikum, das, dem
demokratischen Zug der Zeit folgend, sofort für die Miß=
handelten Partei nahm und aus der Beobachtung, wenn nicht
der identischen, so doch analoger Zustände sich ohne Schwie=
rigkeit in ihre Lage versetzen konnte. Zur völligen Klärung
der Situation war eine drastische Gegenüberstellung der

Gequälten und ihrer Peiniger unschwer zu bewirken. Ein letztes der aneinandergereihten Bilder, das die brutale Niederwerfung der endlich ausbrechenden Revolte zeigte, gab der Serie einen effektvollen Abschluß und den Anschein eines regelrechten Dramas.

Der Dichter, als er sich den Bauernkrieg zum dramatischen Vorwurf nahm, sah sich vor eine unendlich viel schwierigere Aufgabe gestellt. Auf die Verständnisinnigkeit des Publikums der „Weber" durfte er nicht rechnen. Der Stoff gehörte nicht der Zeitgeschichte an — er lag um fast vier Jahrhunderte zurück. Einfach war er gewiß nicht. Schon daß die Bauernrevolution nicht, wie die Episode der Weberrevolte, lokalisiert war, sondern sich über weite Gebiete Deutschlands verbreitete, in Franken und Thüringen zugleich aufflammte, war ein böses Kreuz für den Dichter, das noch schwer genug auf ihn drückte, wenn er sich auf ein Lokal beschränkte. Ich glaube, Thüringen wäre das bequemere gewesen. Er entschied sich für Franken, wo ihm ein ausgedehnteres Terrain dramatisch zu beherrschen blieb. Das beweisen schon die verschiedenen Ortsangaben, die in dem Stücke vorkommen. Das Vorspiel hat als Lokal das Schloß „Unserer Frauen Berg" bei Würzburg; der I. Akt bringt uns nach Würzburg selbst; der II. versetzt uns nach Rothenburg; der III. nach Schweinfurt; der IV. wieder nach Rothenburg; der V. nach Rimpar, das Schloß Wilhelms von Grumbach. Das ist eine Unbequemlichkeit; ein ernsthaftes Hindernis ist es nicht: in andern historischen Dramen wechselt das Lokal noch viel öfter, wird der Phantasie des Zuschauers nach dieser Seite viel Schwierigeres zugemutet. Sehr viel schlimmer steht es mit den Geschehnissen, die, weil für die Entschlüsse, das Handeln, das Schicksal der auftretenden Personen von eminenter Bedeutung, durchaus be-

rücksichtigt sein wollen, und doch so mannigfaltig, so ver=
schiedenartig sind: eine Burgbelagerung hier, ein gewonnenes
Treffen dort, eine verloren gegangene Schlacht an einer
dritten Stelle, eine Bürgerbewegung im günstigen, oder un=
günstigen Sinne an einer vierten — der Dichter kann nicht
daran denken, sie uns in Wirklichkeit vorzuführen; er muß
sie referieren lassen. Das nun ist ein dramatischer Notbehelf,
der freilich kaum jemals völlig zu vermeiden sein wird, aber,
wo er sich öfter und oft als unabweislich aufdrängt, das
Drama unweigerlich aus den Fugen bringt.

Und doch sind das alles Kleinigkeiten im Verhältnis zu
der Schwierigkeit, die sich riesengroß auftürmt, wenn der
Dichter an die Klarlegung der Motive kommt, welche in der
gewaltigen Bewegung die treibenden und ausschlaggebenden
waren. Der Streit der Gelehrten soll ihn nicht kümmern.
Er soll die ungeheure Not, in der sich die große Masse des
Volkes auf dem platten Lande befand, als eine nicht anzu=
zweifelnde Thatsache und als das Hauptagens der Revolution
nehmen. Nur daß die kirchlich=reformatorischen, antikatho=
lischen Strebungen, der humanistische Aufschwung der Geister
aus den Banden mittelalterlicher Scholastik sich überall mit
den materiell=praktischen Tendenzen unlösbar verquicken, kann
ihm nicht verborgen bleiben, und darf er deshalb nicht ver=
schweigen. Aber wie dem Zuschauer das alles ad oculos
demonstrieren? Durch handelnd auftretende Personen, da
er doch ein anderes legitimes Mittel nicht hat? Ein ganzes,
bis in seine tiefsten Tiefen aufgeregtes Volk in seinem be=
rechtigten Handeln, seinen unverzeihlichen Ausschreitungen,
seiner Vernunft, seinem Aberwitz, seinem Opfermut, seiner
Erbärmlichkeit, seiner Tugend, seiner Schande so vorführen,
daß ein übersichtliches, auch dem Laienauge faßliches Bild
daraus wird? Auch dem ungelehrten Zuschauer, der die

Sache nur von Hörensagen kennt, klar wird, um was es sich handelt; wofür diese Menschen sich begeistern; wofür sie solche Leiden auf sich nehmen; weshalb sie ihre Mitmenschen mit solchen Leiden heimsuchen?

Das — übrigens bei der Berliner Aufführung wegge= lassene — „Vorspiel" macht den löblichen Versuch, uns in die tausend Schwierigkeiten der Frage einzuweihen. Ohne Erfolg. Bei dem Hin= und Widerreden der Ritter, in deren Kreise die Bauernartikel diskutiert werden, entgeht dem Zu= hörer so manches. Überdies, wer sagt uns, daß die Be= hauptung der Majorität der Herren: die Forderungen der Bauern seien unsinnig und unannehmbar, aus der Luft ge= griffen sei? Da hat der erste Akt der „Weber", in welchem die hilflosen Arbeiter von ihren Arbeitgebern vor unsern Augen auf das schnödeste gehudelt werden, ganz andere Beweiskraft.

Eine weitere Schwierigkeit, die nebensächlich scheint, es aber keineswegs ist.

Die „Weber" sprechen ihren schlesischen Dialekt. Er befremdet anfangs den Nicht=Schlesier; aber das leisere Ohr gewöhnt sich bald daran; und der Zuhörer scheut die ge= ringe Mühe nicht, weil er sich sagt: wir sind eben in Schlesien; und da der Dichter selbst ein Schlesier ist, wird es wohl mit der Sprache, die er seine Leute sprechen läßt, die wünschenswerte Richtigkeit haben.

Wie soll der Dichter eines Dramas aus dem Bauern= kriege seine Menschen reden lassen? Selbst wenn sie eine einheitliche Sprache gesprochen hätten, er müßte sie uns ver= mitteln: die uns befremdlichen Redewendungen, die längst außer Kurs gesetzten Ausdrücke in uns geläufige, mindestens verständliche umwandeln. Da das Richtige zu treffen, er= fordert eine nicht geringe Sprachgelehrsamkeit, ein ganz

besonderes Geschick, einen exquisiten Takt. Das Wahrschein-
liche wird sein, daß er, je ernster er es mit seiner Arbeit
meint, je tiefer er selbst sich in sein Material hineinstudiert
hat, seinen Hörern zu viel zumutet, und durch die Häufung
von Worten, die sie sich erst übersetzen müssen, nachdem sie
den Sinn glücklich erraten, ihnen das Verständnis erschwert.
Die Sprachgelehrten wird er darum doch nicht befriedigen.
Sie werden trotz alledem über Vermischung der Dialekte,
Anachronismen und worüber nicht noch klagen.

Daß unser Dichter, als er den Plan zu seiner Arbeit
faßte, und während der langwierigen Vorstudien sich alle
diese Hemmnisse einer glücklichen Lösung klar zu machen
gesucht hat, wer möchte daran zweifeln? Er ist ein zu
denkender, grübelnder Kopf, um das nicht zu thun; und
leichtfertig ist er nun schon gar nicht. Aber andre vor ihm
hatten bei anderen Stoffen mit nicht minder großen
Schwierigkeiten zu kämpfen gehabt und sie glücklich überwunden. Der dreißigjährige Krieg, der Aufstand der Nieder-
länder gegen die spanische Herrschaft, der Schweizer gegen
Österreich sind auch keine Stoffe, die den Dichtern bequem
lagen und doch der Mutterboden herrlicher dramatischer
Früchte wurden. Freilich mit Hilfe jedesmal eines Helden,
als des Krystallisationspunktes so diskrepanter Elemente. Und
der Dichter sagte sich, daß, wenn schon ein andermal, diesmal es ohne einen Helden nicht gehe. Seine Wahl fiel
auf Florian Geyer.

Es fragt sich, ob sie eine glückliche war. Florian Geyer
von Geyersberg ist zweifellos eine der interessantesten Gestalten des Bauernkrieges und sicher die, welche unserm
modernen Empfinden am nächsten steht. Ohne daß er, wie
Hutten, ein Gelehrter gewesen wäre, hat er doch eine humanistische Ader. Die Vorurteile seines Standes beschränken

ihn nicht; deſſen Prärogativen entſagt er. Er macht mit
den Unterdrückten gemeinſchaftliche Sache unter offenbarer
Hintanſetzung ſeiner weltlichen Intereſſen und Vorteile.
Von den wüſten Grauſamkeiten, mit denen hinüber und
herüber gefrevelt wurde, iſt er frei; die Scheußlichkeiten von
Weinsberg, die Plünderung von Heilbronn hat er wohl
nicht verhindern können. Er ſchlägt ſich nicht nur mit
großer Bravour, wo immer er in den Kampf gerät; er iſt
auch — wenigſtens auf der Seite der Bauern — der
einzige, der von der Kriegskunſt etwas verſteht und in ſeinen
ſchwarzen Haufen Disciplin zu bringen weiß.
Das alles ſind Qualitäten, die ihn uns liebenswürdig
und verehrenswert machen; aber von da bis zum dramatiſchen Helden iſt noch ein weiter Schritt; nun gar zu dem
eines Dramas aus dem Bauernkriege! Florian Geyer iſt
kein Geiſtlicher, wie Thomas Münzer, oder Karlſtadt; kein
gemeiner Mann, wie Kohl, Metzler, Link. So ſteht er
nicht von Haus aus in der Bewegung; er wirft ſich erſt in
ſie hinein; iſt nicht erfüllt mit dem Pathos des religiöſen
Fanatikers, des bäuerlichen Kommuniſten. Aber gerade das
urwüchſige Pathos iſt es, das den dramatiſchen Helden macht
und ihm die Sympathie des Zuſchauers erwirbt.
Nun iſt längſt nicht jede hiſtoriſche Perſon, die der
Dichter nachträglich zu ſeinen dramatiſchen Zwecken verwandt
hat, zu dieſen Zwecken vorzüglich geeignet und muß ſich,
um es zu ſein, oft ſehr weſentliche Veränderungen gefallen
laſſen. Don Carlos, Egmont, Maria Stuart, Jeanne
d'Arc haben ein anderes Ausſehen in der Wirklichkeit der
Geſchichte, ein anderes im Drama; auch der Wallenſtein in
Schillers Relation des dreißigjährigen Krieges und der ſeiner
Tragödie ſind weſentlich verſchiedene Geſtalten. Aber noch
niemand hat dem Dramatiker das Recht abgeſprochen, ſich

20*

die historischen Menschen so zu modeln, wie er sie für seine
poetischen Zwecke braucht. Niemand würde es Hauptmann
verdacht haben, hätte er von dieser Freiheit den ausgiebigsten
Gebrauch gemacht.

Er hat es nicht, oder doch in viel zu zaghafter Weise
gethan. Warum? Die einen werden sagen: aus Mangel
an Verständnis für das, was zum dramatischen Helden
gehört; die andern: aus Doktrinarismus, aus Befangenheit
in seinen naturalistischen Prinzipien. Vielleicht, daß er sich
von beiden Seiten gehemmt fühlte. Dann aber wohl von
der letzteren am stärksten. Die Überzeugung der Schule
von der Allmacht des Milieu, von dem Unfug des Heroen-
kultus, dem zweifelhaften Wert selbst der representativo men-
mochte ihm trotz des besten Willens, Florian zum Helden
des Stückes zu machen, sein Concept immer wieder stören.

Wie dem auch sei: Florian Geyer ist unter seinen
Händen kein dramatischer Held geworden, es müßte denn
auch solche geben, die zu dem Ehrensitz nur mit Hilfe der
Krücken „Wenn“ und „Aber“ gelangen. Er hätte sich zum
Führer der Bewegung (und damit zum Helden des Dramas)
aufschwingen können, wenn er dem Rat des „Schultheiß“
gefolgt wäre und in Würzburg „den Kohl und den Wert-
heim, den Götz und den Henneberger hätte turmen und
pflöcken lassen“. Die Katastrophe bei der Berennung des
Würzburger Schlosses hätte nicht stattgefunden, wäre er zu-
gegen gewesen; aber er hatte sich „zum Postenreiter machen
und nach Rothenburg verschicken lassen“ (s. S. 174). Da
hatte denn das Unglück seinen Lauf.

Und so geht es durch das ganze Stück. Wo Florian
hätte sein sollen, ist er kaum je. Und wenn er, wie im
ersten Akt, zur rechten Zeit am rechten Ort ist, handelt er
nicht, sondern hält Programmreden. Im zweiten Akt (S. 141)

zu Heilbronn „zum Fenster hinaus". Programmreden mit
den prächtigsten pragmatischen Maximen: „Das Reich muß
reorganisiert werden. Von Franken aus muß es geschehen
u. s. w." Oder er wettert auf die schlimmen Gesellen ein,
in deren Händen „die edelste Sache,‘ die heiligste Sache
u. s. w. gewest ist, wie ein Saustall" (Akt II, S. 193).
Wenn wir ihn das Schwert ziehen sehen, ist es in der
Kneipe gegen eben diese elenden Gesellen (Akt II, S. 193).
Sonst hören wir nur von seinen Thaten und welch braver,
tapferer, ritterlicher Mann er sei; und wie er alles in
schönste Ordnung gebracht haben würde, wenn — jene ab=
scheulichen Wenn und Aber nicht wären. Dafür, als die
Nachricht von dem Würzburger Unglück in Rothenburg ein=
trifft (Akt II, S. 153) will er verzagen, „in die Bruder=
schaft vom gemeinsamen Leben treten, Bibeln abschreiben
und deutsche Bibeln herumtragen". Kann er sich da wun=
dern, wenn der verständige Schultheiß ihm zuruft: „Bruder,
du haselierst!"? Und der Dichter, wenn wir ihm einen
Haselanten nicht als Helden abnehmen mögen; sondern
meinen: er hat uns eine Flasche vorgesetzt mit einer präch=
tigen Etikette, der aber der Inhalt keineswegs entspricht?

Aber, Held hin, Held her! „Die Weber" haben auch
keinen. Weshalb sind sie trotzdem ein höchst wirksames
Stück, und weshalb ist „Florian Geyer" keines?

Die Antwort habe ich in der Hauptsache bereits oben
gegeben: das negative Resultat hat wesentlich seinen Grund
in der Wucht und dem Reichtum des Stoffes, die durch
Genrebilder, und wären sie noch so trefflich komponiert und
mit dem sorgsamsten Fleiß ausgeführt, nicht zu erschöpfen
sind, wie umgekehrt in den „Webern" die Vorführung immer
derselben Not in kaum bemerkbaren Variationen mit der
unwiderstehlichen Kraft einer Schraube wirkt. Vielleicht ist

es auch ein Übelstand und folglich ein Fehler, daß das
Stück in einem Moment einsetzt, wo die revolutionäre Bewegung ihren Höhepunkt überschritten hat, im starken Nieder-
gehen ist, ja, ihrem Ende entgegeneilt. Uns einer früheren
glücklicheren Phase beiwohnen zu lassen, hätte freilich seine
Schwierigkeit gehabt, da die halkyonischen Tage, wie die
Weinsberger Affäre, durch entsetzliche Greuel befleckt waren;
aber der Dichter durfte sich dieser Aufgabe nicht entziehen.
Indem wir immer nur von der Uneinigkeit hören, die in
der Bauernpartei herrscht; von den Niederlagen, die sie erleiden; von den Greueln, mit denen gegen sie gewütet wird;
sie immer nur in Haber und Zwietracht sehen, entsteht ein
falsches Bild des Ganzen; bekommen wir keine abäquate
Vorstellung von der Wucht und Gewalt dieser furchtbarsten
aller Revolutionen, welche die deutsche Geschichte kennt; und
deren Repräsentanten die Handvoll elender, entwaffneter,
um Gnade bettelnder, von den Rittern mit Hetzpeitschen
traktierter Jammergestalten, die uns der letzte Akt vorführt,
am allerwenigsten sind.

Trotzdem wirkt dieser Akt, obgleich vom poetischen Standpunkt gesehen, vielleicht der schwächste, auf der Bühne entschieden am besten, weil er der weitaus übersichtlichste, ver-
ständlichste ist. Auf Kosten freilich der historischen Wahrheit
und des Helden, der „im freien Feld, auf grüner Heid'"
ritterlich kämpfend fiel und nicht die Dummheit beging,
seinem verräterischen Schwager ins Schloß zu laufen, um
sich dort, wie ein von den Rüden verbellter Hirsch, vor den
Augen der betrunkenen Edelleute von einem gemeinen Knecht
abthun zu lassen. So schauderhaft aber auch die Vorgänge
sind, es geht doch etwas vor; man weiß doch wo und wie,
und tappt nicht im Dunkeln, was bei den langausgesponnenen
Genrescenen der früheren Akte nur zu oft der leidige Fall

ist. Jenen Scenen, in denen die Leute endlose Reden führen, die, wie charakteristisch immer für das Zuständliche, die Handlung um keinen Schritt weiter führen. Und in der Fülle dieser Leute, die schließlich nur Staffage sind, drohen die paar Personen, welche man noch ungefähr aktiv nennen könnte, alle Augenblicke zu verschwinden. Selbst bei der Aufführung, wo sie doch leibhaftig vor uns umherwandeln. Wollte es mir doch im ersten Akte trotz aller Mühe längere Zeit nicht gelingen, Götz von Berlichingen (der überhaupt in dem Stücke erbärmlich wegkommt — fast noch erbärm= licher als Luther) aus der Masse der ihn Umgebenden, um ihn Herumwirrenden herauszufinden! Ich habe von sehr aufmerksamen Zuschauern ähnliche Klagen gehört.

Alles in allem: Florian Geyer ist ein Fehlschlag. In= sofern ein Gewinn für die dichterische Sache, als es den Beweis liefert, daß es mit der naturalistischen Methode: die Idee ohne den tragenden Helden für sich selber sorgen zu lassen, während man alle Kraft und Kunst auf die Heraus= arbeitung des Milieu verwendet, wenigstens in dem Drama höheren Stils schlechterdings nicht geht.

In jeder andern Beziehung kann man nur innigstes Bedauern empfinden. Ein echter Dichtergenius, der sich mit ungeheurem Fleiße einer herrlichen Aufgabe widmet, in den Einzelheiten seines Werkes Bewunderungswürdiges leistet, um schließlich doch nur ein mißgestaltetes Ganzes hervorzu= bringen — das ist in meinen Augen ein tief tragisches Schauspiel.

XVIII.

Die versunkene Glocke.

Wie mir das Bimbam fatal der Glocke
vom ragenden Kirchturm,
Lieblich vom Grunde des Sees tönt die
versunkene mir.

Von „Hannele" zur „versunkenen Glocke" führt ein anderer Weg als von den „Webern" zu „Florian Geyer"; aber weiter ist er nicht. Es wohnen eben zwei Seelen in der Brust unsers Dichters: die naturalistische Ehrfurcht vor der Wirklichkeit, in deren Abschilderung man vor nichts zurück= schrecken darf, und die Sehnsucht hinauf zu Regionen, in denen der freie Flügelschlag der Phantasie durch keine Erden= schranke gehemmt wird. Und da man diesen schulwidrigen Trieb nicht wohl eingestehen und durch idealisierte Gestalten des wirklichen Lebens (in der Weise der alten Schule) be= friedigen darf; das eine thun muß und das andre nicht lassen möchte, flüchtet man sich in den Mummenschanz der Alle= gorie und feiert Orgien der schönheitstrunkenen Seele hinter einer Maske, die man jeden Augenblick abwerfen kann: es war ja nur ein Scherz! hier habt ihr mein altes unverän= dertes Gesicht!

Die Allegorie in der „versunkenen Glocke" ist so durch= sichtig; man muß erstaunen, daß ihr Sinn nicht von allen sofort begriffen wurde.

In irgend einer kleinen Gemeinde wohlmeinender, ehr= barer, übrigens herzlich beschränkter Spießbürger lebt ein Künstler (Maler, Bildhauer, Musiker, Dichter — gleichviel!);

ein noch jüngerer Mann, verheiratet mit einer ungebildeten
Frau aus niederem Stande, nicht ohne persönlichen Reiz,
die ihm zwei anmutige, prächtig aufblühende Kinder geschenkt
hat. Nach gewöhnlichem menschlichen Ermessen hätte der
Künstler allen Grund, sich glücklich zu fühlen. Er thut es
nicht. Er weiß (oder glaubt) sich unverstanden von seinem
Weibe, seinen Mitbürgern. In seinen vielen Werken (er
ist ein überaus fleißiger Mann) sieht er nur Schüler= und
Stümperarbeit. Sie haben nur Ton und Klang in den
Niederungen des Alltagslebens; nicht auf den Höhen, die
seine Seele ahnt, zu denen sie sich aufschwingen möchte und
— nicht aufschwingen kann.

So ist ihm, wie dem Faust, „das Dasein eine Last, der
Tod erwünscht, das Leben ihm verhaßt.“

Da, als ihm ein neues Werk, das seine Mitbürger als
die Krone seiner Schöpfungen schon im voraus preisen, durch
äußere Umstände zerstört wird, erreicht seine Verzweiflung
den höchsten Grad. In dem Zufall sieht er einen Fingerzeig
höherer Weisheit, die ihm seine Nichtigkeit klar machen will.

Und gerade in diesem Moment begegnet ihm in sehr
fraglicher, von seinem sonstigen ehrbaren Milieu möglichst
ferner Umgebung ein Mädchen, an dem von intellektueller
und moralischer Bildung keine Spur, dessen natürliche An=
mut und wunderfame Schönheit ihn völlig berauschen, und
in das er sich verliebt mit aller Leidenschaft, der feine künst=
lerische Seele fähig ist, nach der feine künstlerische Seele so
lange vergeblich geschmachtet hat. Nun glaubt er gefunden
zu haben, was ihm fehlte; nun den Anhauch des Genius
zu spüren, der ihn zu den höchsten Leistungen emporflügeln
wird. Die junge Schöne, die sittliche Bedenken nicht ein=
mal von Hörensagen kennt, weiß sich in sein Haus einzu=
führen, wo niemand hinter ihrer Unschuldsmiene die Teufelinne

sieht, die sie ist. Mit leichter Hand löst sie die schwachen
Fäden, die den Unglücklichen noch an seine Familie, seine
bürgerliche Stellung knüpfen, und entweicht mit ihm. Nun
ein freiestes Liebesleben der beiden; für ihn, wie es scheint,
die Erfüllung seiner ausschweifendsten Künstlerträume. Ein
neues Werk, das alles, was er bisher geplant, vollführt, in
tiefsten Schatten stellen wird, baut sich auf vor seines Geistes
Aug'. Er giebt sich an die Arbeit. Kaum geahnte Kräfte
sprießen ihm; alles muß ihm zum besten dienen; die Natur
selbst mit ihren innersten Gewalten scheint ihm frohnden zu
müssen. Weib und Kinder, was sind sie ihm noch? Er
hat Größeres im Sinn. Die Mahnung seiner alten Freunde
und Gefährten, abzulassen von einem solchen Treiben, das
ihn ins Verderben stürzen wird — sie klingt vergebens an
sein Ohr.

Das geht nun so, so lang es geht. Nicht lange. Dann
kommt der Rückschlag. Wäre er der echte Genius, würde er
auch unter den früheren mißlichen Verhältnissen unsterbliche
Werke geschaffen haben. Er ist es nicht; deshalb kann er sie
jetzt ebensowenig schaffen, wo er sich von jedem Zwang, der ihn
drückte, gelöst und die Ellenbogen völlig frei hat; die Natur
selbst mit ihm im Bunde scheint. Alles Schein. Die
Mächte der Natur, die er sich dienstbar gemacht zu haben
glaubte, verweigern ihn dem Gehorsam. „Der erhabene
Rausch" fängt an zu verfliegen, ist verflogen. Die Zuver=
sicht verläßt ihn. „Die Brust, der Blick ermattet; der Seele
klares Vorbild schwindet hin." Das große Werk rückt nicht
aus der Stelle, da „dies mißrät und jenes nicht gedeiht."
Vergebens, daß er sie „die Schwinge seiner Seele" zu Hilfe
ruft. Sie war das nie; war nur ein Anhauch, der ihn
buhlerisch umspielte, und auf dem er sich durch alle Himmel
tragen lassen zu können wähnte. Eine wächserne Schwinge

im besten Fall, die in der Sonnennähe des Ideals weg=
tropfte und den kühnen Aufflug in einen jähen, schmählichen
Fall verwandelte. Noch einmal rafft er sich auf; treibt die
alten Freunde, die seine Widersacher geworden sind, zu
Paaren; dann ist es aus. Die Reue, der er sich so lange
erwehrt, packt ihn mit fürchterlicher Gewalt. Was er an
Weib und Kind gefrevelt, erhebt sich wider ihn. Die Dirne,
die ihm die Verwirklichung seiner Träume schien, sieht er
in ihrem wahren Licht. Mit Abscheu stößt er sie von sich,
flucht ihr und sich und sucht Rettung in der Rückkehr zu
seinem alten Leben.

Für ihn keine Rückkehr, keine Rettung. Nach dem Wahn=
sinnsrausch, in welchem er dahingetaumelt, würde ihm das
Alltagsleben von früher ekel, schal, unersprießlich und uner=
träglich erscheinen, fände er es wieder. Er findet es nicht.
Die Frau hat sich aus Gram um ihn das Leben genommen;
die Kinder sind — er weiß nicht, wo. Er möchte in den
alten Rausch zurück. Das ist ebenso unmöglich. „In dem=
selben Flusse schwimmst du nicht zum zweitenmal." Das
große Werk, dem er alles geopfert — in der Ermattung
seiner Seele war es ja schon kläglich gescheitert. Die Ge=
liebte hat sich eines andern besonnen und sich einem alten
reichen Freier, der sie schon lange umworben, hingegeben.
Sie kennt ihn nicht mehr; will ihn nicht mehr kennen. Der
Sterbende kann von Glück sagen, daß sie sich, in Erinne=
rung vergangener schöner Nächte, noch einmal erbarmend über
ihn beugt.

Das ist, in die Prosa der Wirklichkeit übersetzt, die Fabel
der „versunkenen Glocke". Keine eben neue, wie man zu=
geben wird. In recht vielen Romanen, Novellen, Schau=
spielen ist sie bereits bearbeitet. Aber in der Kunst kommt
es nicht sowohl auf das Was, sondern auf das Wie an,

insofern wenigstens, als ein originelles Wie auch ein schein=
bar abgebrauchtes Was neu beleben kann. Ja, man darf
sagen: gerade in der neuen, eigenartigen Form, in welche
der Künstler einen alten Stoff zu gießen verstand, bewährt
sich sein Genius am glänzendsten. So gesehen ist „Die
versunkene Glocke" ein herrlicher Beweis von Gerhart Haupt=
manns Künstlerschaft.

Denn neu, als hätten wir sie nie gesehen, erscheinen in
dem magischen Licht, das er um sie breitet, die alten wohl=
bekannten Gestalten. Die scharfen Konturen, die sie in
Dichtungen gewöhnlicher Art haben und haben müssen, hat
das „Märchen" verwischt, sie in weiche, in dem phantastischen
ambiente verschwimmende Umrisse verwandelt. Der Künstler
in Zolas L'œuvre — wie genau wissen wir, was er kann
und was er nicht kann! Selbst Faust, so stark das mystisch=
phantastische Element in der Tragödie zur Geltung kommt,
läßt es nicht an einem scharf umrissenen Programm seines
Wollens und Strebens fehlen. Wie seltsame Windungen
auch der Weg macht, den er in seinem dunklen Drange geht,
wir können sein Thun und Lassen stets mit wünschenswerter
Genauigkeit kontrolieren. Bei dem Helden der „versunkenen
Glocke" müssen wir das aufgeben. Er ist seines Zeichens
Glockengießer. Die Glockengießerei gehört zu den höheren
Handwerken. Wir sollen ihn für einen Künstler nehmen.
Wie aber das große Kunstwerk geartet ist, das er da oben
„in der Höhe" mit Hilfe der Zwerge schaffen will, bleibt
uns völlig rätselhaft. Trotz seiner Schilderung S. 100:

„Es ist ein Werk, wie ich noch keines dachte:
ein Glockenspiel aus edelstem Metall,
das aus sich selber, klingend, sich bewegt.
Wenn ich die Hand, wie eine Muschel, lege
so mir ans Ohr und lausche, hör ich's tönen —
schließ ich das Auge, quillt mir Form um Form
der reinen Bildung greifbar deutlich auf —"

Hier freilich können wir noch immer an eine besonders beschaffene Glocke trotz der beiden letzten Verse denken; aber an anderen Stellen scheint es sich um ganz etwas anderes zu handeln. S. 117:

> „— — — — Wie ohne deine Kraft (des Zwergen)
> gelänge mirs, den hochgetürmten Bau
> des Werkes, das ich will, in sich zu stützen,
> zu gründen, hoch in einsam freie Luft
> zur Sonnennähe seinen Knauf zu heben?"

Aber dürfte man sagen: die Wunderglocke verlangt einen Glockenturm. Den baut er sich zu seiner Glocke, wenn auch die „alte Wittichen" S. 159 sagt:

> „Do iis a Moan gewest, der hat's gebaut:
> hoalb ane Kerche, hoalb a Kenigsschluß" —

Indessen mit dem Architekturverständnis der guten Frau mag es nur schwach bestellt gewesen sein; oder Heinrichs kapriciöses Genie schwelgte, wie das so mancher modernen Künstler, in der Vermischung sich sonst widersprechender Stilarten.

Wie dem auch sei: es ist ganz vergeblich, sich von seinem Wirken eine bestimmte Vorstellung zu machen. Wir müssen uns begnügen zu sagen: er plant etwas Ungeheures, das in der künstlerischen Linie liegt; und geht zu Grunde, wie so viele, die das Maß ihrer Kraft überschätzten und sich für wirkliche Prinzen aus Genieland hielten, während sie doch nur Usurpatoren und betrogene Betrüger waren.

Das ist der Held.

Mit der Geliebten, seiner „Seelenschwinge", hätte der Dichter des landläufigen Romans, des gewohnheitsmäßigen Drama ebenfalls seine liebe Not gehabt, um der allbekannten seelenlosen Kokette, der in jeder Pose photographierten bohémienne, der nicht mehr ganz seltenen Salonschlange — denn etwas derart erforderte das Thema — irgend einen neuen

Reiz abzugewinnen. Unser Dichter macht aus ihr ein „el-
bisches Wesen". Da die Naturgeschichte diese species generis
feminini nicht kennt, kann die Phantasie aus ihr und mit
ihr machen, was ihr beliebt. Soll man aber den Dichtern
Glauben schenken, sind sie sehr wandlungsfähig, die elbischen
Wesen: ein Proteus könnte noch von ihnen lernen. Dem
menschlichen Auge erscheinen sie u. a. als wunderschönes
Mädchen mit üppigem Haar, das wie Sonnenstrahlen glänzt;
können aber auch ebensogut, wie in der Luft, im Wasser
leben und sich mit Adamssöhnen so wohl gatten, als mit
der Sippe Kühleborn, die in unserm Drama „Nickelmann"
heißt. Verstehen aber — auf elbische Parole! — noch
viel mehr:

„— — — — Durchs Gebirge flog ich,
bald wie ein Spinngeweb im Winde treibend,
bald wie 'ne Hummel schießend, taumelnd dann
von Kelch zu Kelche wie ein Schmetterling.
Und jedem Pflänzlein, Blümchen, Gras und Moos,
Pechnelke, Anemone, Glockenblume,
kurz allem nahm ich Eid und Schwüre ab:
sie mußten schwören, nichts dir anzuthun.

Daß es ihnen nach solchen Leistungen nicht schwer fällt,
mit den Nixen auf der Wiese im Mondschein Ringelreihe
zu tanzen, Zauberkreise zu ziehen und dergleichen Kleinigkeiten,
nimmt man als selbstverständlich an.

„Nickelmann!" Der Brave könnte sehr wohl in dem
Prosa=Roman, dem Drama so heißen, und würde dann ver=
mutlich ein alter Lebemann sein: vielfacher Hausbesitzer,
Millionär, Bankier — irgend etwas derart sein, dem es,
dank seinem Reichtum, trotz seines wenig einnehmenden
Äußeren, der Last seiner Jahre und seiner recht zahlreichen
Familie an Frauenbekanntschaften nimmer fehlt; und der sich
eine ausgesprochene Vorliebe für junge schöne Mädchen be=
wahrt hat, die er, kann er sie nicht aus erster Hand haben,

auch wohl aus zweiter nimmt. Das wäre denn unter Um=
ständen eine sehr lebenswahre, aber vermutlich wenig ergöß=
liche Figur geworden.

Und was hat unser Märchendramendichter aus ihr ge=
macht!

Wenn der Nix prustend, mit den an das Tageslicht nicht
gewohnten Augen zwinkernd, sich über den Brunnenrand hebt
— nun ja: Ehre dem Schauspieler, der das phantastische
Gebilde so glaubhaft=überzeugend auszugestalten verstand!
Viel größere Ehre aber doch dem Dichter, der das aller Er=
fahrung spottende Gebilde in seines Geistes Auge sah!

Und, wie Rautendelein und den Nickelmann, so den
„Waldschrat" sah, in der Prosa des Lebens (und der
Dichtung) ein sehr frecher, höchst lüberlicher, grauenhaft
cynischer junger Herr: der Pflastertreter der Großstadt, der
Bummler der Ateliers, Theaterfoyers, Cafés chantants,
cabinets particuliers; hier, im Märchendrama „ein bocks=
beiniger, ziegenbärtiger, gehörnter Waldgeist", der seine
Natur zu offen zur Schau trägt, als daß man ihm wegen
seines krausen, nicht selten obscönen Humors gram sein
könnte. Der eben einfach drollig wirkt, wie Rautendelein
troß ihrer Seelenlosigkeit und des Unheils, das sie gleich=
mütig in die Familie des Künstlers trägt, durchaus lieblich,
anmutig, liebenswert erscheint — das vollendete Bild und
die Quintessenz aller dieser Eigenschaften; in ihrem Schwebe=
leben jenseits von Gut und Böse, der moralischen Kritik
völlig entrückt.

Welche Vergünstigung „die alte Wittichen" gleicherweise
für sich in Anspruch nehmen kann: in Wirklichkeit vermutlich
ein „Weib, wie auserlesen zum Kuppler= und Zigeuner=
wesen"; hier eine hexenartige Alte, die sich aber gelegentlich
doch zur Würde einer Norne, Druide erhebt, voll Tief=

blicks in die menschlichen Dinge über alles menschliche Maß hinaus.

Und um diese, in ihren Konturen verschwimmenden und doch (oder gerade deshalb) typischen Gestalten wogt und wallt nun die ganze Magie der deutschen Märchenwelt mit ihren Elfen, Zwergen, Holzmännerchen, Holzweiberchen; der grause und der holde Spuk des Zauberwaldes in einer Pracht, wie sie keiner unsrer Romantiker, die doch auf die= sem Gebiet etwas leisten konnten, glänzender entfaltet hat. Nur Shakespeare, der Titan, mit seinem „Sommernachts= traum" und seinem „Sturm" wäre hier in einem Atem zu nennen. Der sinnige Leser fühlt sich in diese Welt entrückt schon während der Lektüre; sie umfängt, umstrickt ganz und gar den, der das Glück gehabt hat, einer der in jeder Hinsicht meisterlichen Vorstellungen des Berliner Deutschen Theaters beizuwohnen. Er darf sagen, daß er um einen künstlerischen Hochgenuß bereichert ist.

Kann sich das deutsche Drama der Bereicherung durch das Wundergebilde der „versunkenen Glocke" ohne alle Ein= schränkung rühmen? Ich möchte es bezweifeln; halte sogar die Frage für berechtigt, ob „Märchendrama" nicht eine contradictio in adjecto enthält. Eine sichere Kontrole der Märchendramengeschöpfe, sahen wir, ist unmöglich. Rau= tendelein wendet sich von dem geliebten Menschen zu dem Wasserungetüm — wir verstehen es nicht; wir müssen es glauben. Und wir verstehen wiederum nicht, wie sich in ihr, nachdem sie sich einmal von Heinrich gewandt, noch eine Zärtlichkeitsregung für ihn findet. Ist sie einmal das seelen= und herzlose Naturwesen, so sei sie es ganz. Ihr: „Ich habe dich nie gekannt" beim letzten Wiedersehen ist ver= ständlich. Dabei sollte es bleiben. Ihr „halb schluchzendes, halb jauchzendes": „Heinrich!!!" ist eine Sentimentalität, die

dem elbischen Wesen um so weniger zu geziemen scheint,
als sie menschliche Schwestern hat, die ohne derartige Vellei=
täten ganz gut auskommen.

Aber wer darf hier sagen: dies kann sein; dies kann
nicht sein? Warum soll das alte Hexenweib nicht Sprüche
tiefster Weisheit sprechen, wenn sie der Dichter gerade braucht?
Weshalb der brave Nickelmann trotz seines aristophanisch=
naturalistischen „Quorax!" und „Brekekekex" dem Pfarrer
nicht ins Handwerk greifen und, obschon er selbst ein höchst
unmoralischer Wassergreis zu sein scheint, Heinrich den
Standpunkt klar machen, daß es ein Vorstandsmitglied des
ethischen Vereins nicht besser könnte:

— — Vergeblich ringst du, denn du ringst
mit Gott! Gott rief dich auf, mit ihm zu ringen —
und nun verwarf er dich, denn du bist schwach!
Umsonst sind deine Opfer: Schuld bleibt Schuld!
Den Segen Gottes hast du nicht ertrotzt,
Schuld in Verdienst, Strafe in Lohn zu wandeln. (S. 120.)

Man könnte einwenden: es ist Heinrichs böses Gewissen,
das im Schlafe so zu ihm spricht. Aber dann: warum so
bedeutende Reden dem Fischmenschen, dem Nickelmann in
das Karpfenmaul legen? Zu Gretchen in der Kirche spricht
auch nicht die Hexe, oder die Meerkatze, sondern ihr „böser
Geist". Das versteht man.

Und diese Unkontrollierbarkeit, die in dem allegorischen
Wesen der reinen Märchengeschöpfe noch eine halbe Ent=
schuldigung fände, erstreckt sich auch auf die Menschen, wo
sie unentschuldbar erscheint. Ist Frau Magda wirklich das
unbedeutende Alltagswesen, das sie sein muß, wenn Heinrich
keine Erquickung in ihrem Umgang fühlen soll, kann sie ihm
unmöglich ein so herrliches Bild seines Künstlertums ent=
werfen, wie sie mit den Worten thut (S. 65):

. — — — — Ein Mensch, wie du,
begnadet, überschüttet mit Geschenken
des Himmels, hoch gepriesen, allgeliebt,
ein Meister seiner Kunst. Wohl hundert Glocken
in rastlos froher Wirksamkeit gebildet:
sie singen deinen Ruhm von hundert Türmen;
sie gießen deiner Seele tiefe Schönheit,
gleichwie aus Bechern, über Gau und Trift.
Ins Purpurblut des Abends, in das Gold
der Herrgottsfrühe mischest du sie ein.
Du Reicher, der so vieles geben kann,
du Herrgottsstimme! — der du Geberglück
und Geberglück und nichts als dies geschlürft,
wo Bettlerqualen unser Gnadenbrot —;
du siehst mit Undank auf dein Tagewerk?

Das sind köstliche Worte; nur eine Magda kann sie
nicht sprechen. Oder aber ein Heinrich, der selbst einge=
stehen muß:

— — — — — Nun hast du selbst geklungen
so tief und klar, wie meiner Glocken keine,
so viel ich ihrer schuf —

er läßt ein solches Weib, dessen unschätzbarer Wert ihm
endlich aufgegangen ist, für ein Rautendelein nicht fahren;
oder kehrt doch nach dem ersten, bald überstandenen Rausch
reuig zu ihr zurück.

Diese Märchenmenschen soll und darf man nicht zur
Verantwortung ziehen. Einen Hamlet, einen Othello, einen
Wallenstein, einen Räuber Moor sogar kann und muß man
fragen: warum thust du dies? warum unterläßt du das?
Märchenwesen stehen nicht unter dem logisch=psychologischen
Gesetz.

Aber sind sie dann noch echte dramatische Geschöpfe?
Man muß es bezweifeln.

So darf sich denn der Dichter nicht wundern, wenn sein
Werk, trotzdem der menschliche Gehalt, wie ich gezeigt zu
haben glaube, höchst einfach und nichts weniger als neu ist,

so viele und verschiedenartige Auslegungen gefunden hat;
ja nicht wenigen als ein Buch mit sieben Siegeln erscheint.
Was er an persönlichen Erfahrungen, Empfindungen, an
selbsterlebten Freud und Leid hineingelegt hat — ich weiß
es nicht, will es nicht wissen. Ich weiß nur, daß jeder
Künstler über eine und die andre versunkene Glocke zu
klagen hat, und in jedes Künstlerleben ein und das andre
Rautendelein hineinspielt. Und weiter, daß der echte Künstler
— wie Hauptmann einer ist — sich durch versunkene Glocken
wohl verstimmen, aber nicht stumm machen läßt; und die
Rautendelein, die mit ihm spielen zu können glaubten, jedesmal zu ihrem Schaden herausfinden, daß er es war, der
mit ihnen spielte.

XIX.

Hermann Sudermanns „Heimat".

Fern von der Heimat ist gut vor dem Schuß.
O, laßt es euch sagen,
Primadonnen, die so mit den Tenoren ver=
traut!

Die herzliche Freude des Theaterliebhabers, nach so
manchen Fehlschlägen seiner Erwartungen und Hoffnungen
endlich wieder einmal das Hervortreten eines großen drama=
tischen Talentes begrüßen zu können, wird nur noch durch
die andere übertroffen, zu beobachten, wie dies Talent, an=
statt sich — gleich manchem, scheinbar nicht minder großen
— mit dem ersten glücklichen Anlauf erschöpft zu haben,
ohne einen Schritt zurückzuweichen, die eingeschlagene Bahn
fortsetzt mit einer Kraft, die durch die Übung stetig wächst.

Hermann Sudermanns dramatische Laufbahn steht unter
diesem erfreulichen Zeichen. Er — damals ein Neuling
auf den weltbedeutenden Brettern — hat sich mit seinem
Schauspiel „Ehre" einen Platz in der ersten Reihe der zeit=
genössischen dramatischen Dichter erobert; er hat mit seinem
zweiten Stück „Sodoms Ende" diesen Platz mindestens be=
hauptet und er ist mit „Heimat", soweit ich es beurteilen
kann, in jener Reihe noch ein paar Stellen höher gerückt.

Man sieht: ich bin nicht der Meinung eines nicht kleinen
Teils des Publikums, welcher in „Sodoms Ende" einen
Rückschritt — und sogar einen erheblichen — hinter „Ehre"
konstatieren zu sollen meinte. Ich glaube, daß dies ab=
sprechende Urteil, wollte man es auf seinen Rechtstitel prüfen,

sich mehr auf moralische als ästhetische Gründe stützen müßte.
Die naive Gemeinheit in dem Hinterhause der „Ehre" mit
dem obligaten Mißduft der Kleine=Leute=Wohnung verletzte
die zärtlichen Gemüter weit weniger als der Höllenbreughel
einer moralisch durch und durch verlotterten sogenannten
guten Gesellschaft in „Sodoms Ende", welche der Patschuli=
geruch der Verwesung umwitterte, und in Vergleich zu welchem
sogar die sittliche Verrohung der Kommerzienratfamilie (mit
Ausnahme der Tochter selbstverständlich) als relativ gesund
gelten mochte. Aber das war, wie gesagt, nur die Empfin=
dung von Leuten, welche den Wert eines Stückes nach dem
Grade bemessen, in welchem sie sich durch die agierenden
Personen, die Vorgänge, den Ausgang angeheimelt fühlen,
und wenig danach fragen, ob denn da oben alles mit rich=
tigen psychologischen Dingen zugeht, und ob der Dichter, um
zu seinem Ziele zu gelangen, sich ausnahmslos legitimer
Mittel bedient.

Der Mittel, die — mögen sie noch so oft und so
stark gefälscht worden sein und gefälscht werden — doch von
Anbeginn des Dramas bis auf den heutigen Tag die ein=
zigen sind, durch welche ein gesundes, lebenskräftiges Theater=
stück zu stande kommt; der Mittel, welche in ihrer Reinheit
darzustellen unsre dramatischen Theoretiker von heute so
eifrig bemüht sind, und deren rigorose Anwendung und Ver=
wirklichung der Ehrgeiz und der Stolz unsrer jungen Dramen=
dichter ist.

Man darf, ohne dem Talent unsres Dichters zu nahe
zu treten, wohl behaupten, daß er, als er „Ehre" schrieb,
noch nicht ganz fest in diesen theoretisch=praktischen Schuhen
stand. Er thut es nur in den Scenen, die in der Inti=
mität der Familie Heinecke spielen. Da ist alles von packen=
der, unübertrefflicher Wahrheit; da thut und spricht keiner

auch nur das mindeste, das er seinem Wesen nach bei der gegebenen Veranlassung nicht thun und sprechen müßte. Aber schon der aus der Fremde heimgekehrte Sohn, der — ein Berliner Proletarierkind und erst als Jüngling in die Welt gewandert — sich von seiner Mutter erklären lassen muß, was die stabt= und landläufige Phrase: „sie geht mit ihm" bedeute; der sich in einem Milieu, aus dem er doch hervorgegangen und in dem er so lange gelebt hat, so gar nicht zurechtfinden kann, erschien mir wenigstens immer als ein psychologisch schwer kontrolierbares Wesen. Und die birekte Descendenz des aus einem geschwenkten Gardelieutenant zum indisch=europäischen Kaffeekönig metamorphosierten Grafen von Trast=Saarberg, der mit einem Blick die verwickel= sten Verhältnisse durchschaut; mit der Pünktlichkeit eines deus ex machina immer zur Stelle ist, um eine verzwickteste Situation spielend zu lösen; dessen Checkbuch von so be= neidenswerter Dicke und dessen Güte von so anbetungswür= diger Größe ist — ich sage: die birekte Descendenz dieses edelsten Mannes von seinem Ahnherrn, dem Grafen von Monte=Christo sekundanerhaften Angedenkens, hat mir stets ein freundliches Lächeln entlockt.

Nehmen wir zu diesen psychologischen Raritäten noch die Unwahrscheinlichkeit des Emporblühens eines moralisch so völlig gesunden, geistig so hoch entwickelten Mädchens wie Leonore in der entsittlichenden Atmosphäre ihres elterlichen Hauses; dazu den durch einen coup de force erzwungenen Lustspielschluß des einem tragischen Ausgang machtvoll zu= strebenden Stückes, so haben wir gewiß genug beisammen, um erhärten zu können, daß der Subermann der „Ehre" vor der gelegentlichen Anwendung verrosteter Waffen aus der altehrwürdigen, aller Welt zugänglichen Rüstkammer der landläufigen dramatischen Mache nicht zurückschreckte.

Er hat es völlig gethan in dem Entwurf und Aufbau der Charaktere von „Sodoms Ende". So, wie diese Menschen sind, können, oder könnten wir sie doch alle Tage sehen. Und jeder handelt oder leidet in voller Konsequenz seiner wahrhaftigen Natur und der Konflikte, welche sich wiederum aus dem Zusammenstoß dieser seiner Natur mit den anderen, in ihrer Weise nicht minder wahrhaftigen Naturen mit Notwendigkeit ergeben. Die mit ihrer sonstigen Klugheit wenig stimmende und — was die Sache noch schlimmer macht — durch die Umstände keineswegs motivierte Unvorsichtigkeit Abahs, in Gegenwart der Frau Janikow den Einladungsbrief zu schreiben, ändert an der Gesamtheit dieses Urteils nichts. In einem Mussetschen oder Feuilletschen Proverbe, oder auch in Stücken wie Goethes „Götz von Berlichingen", oder Gerhart Hauptmanns „Weber", die aus einzelnen, mehr oder minder locker zusammenhängenden Scenen bestehen, mag es ohne die mindeste Unwahrscheinlichkeit in der Führung der Handlung abgehen; aber man zeige mir das den Abend füllende, eine im übrigen streng geschlossene Handlung bietende Stück, in welchem es der Fall ist! Und dabei wird es wohl, solange dergleichen Stücke nicht ein für allemal zum alten Eisen geworfen, oder nicht von unfehlbaren Engeln, sondern von fehlbaren Menschen geschrieben werden, sein Bewenden haben.

Noch in einer anderen Hinsicht möchte ich in „Sodoms Ende" einen Fortschritt über „Ehre" hinaus konstatieren: das Stück entspricht seinem Titel besser als das letztgenannte dem seinigen; oder, um es anders auszudrücken: die ihm zu Grunde liegende Idee ist runder und voller herausgekommen als bei seinem Vorläufer. Es müßte, oder könnte doch wenigstens so heißen, auch wenn Willy Janikow ein ganz anderes Bild gemalt hätte als den Untergang der Schwester=

ſtabt Gomorrhas. Die Geſellſchaft, in die uns der Dichter
führt, iſt ein Sodom; und die in dem Laſterpfuhl leben,
ſind dem Untergange geweiht: dem moraliſchen ſicher, wenn
nicht auch dem phyſiſchen, wie der Held. Die ſkeptiſche
Frage: was iſt mit dieſem Stück bewieſen? kann nicht wohl
aufgeworfen werden; ſie kann es mit Fug bei „Ehre“. Ich
glaube nicht, daß das Drama „Ehre“ über Begriff und Weſen
der Ehre einem denkenden Menſchen auch nur den mindeſten
neuen Aufſchluß bringt, wie es doch der Fall ſein müßte,
wenn die Ehre als ſolche — man nehme ſie nun in
dieſer oder jener Form — im Mittelpunkte des Dramas
ſtände, wie etwa in Heyſes Einakter „Ehrenſchulden“. Daß
man im Hinterhauſe andere Anſichten von Ehre zu haben
pflegt als im Vorderhauſe, iſt gerade keine verblüffende Ent=
deckung; ja, recht beſehen, ſind ſie im Hinter= und im Vorder=
hauſe gleich ehrlos, und die Ehre im Sinne der anſtändigen
Menſchen wird nur durch ein paar Perſonen repräſentiert,
deren moraliſche Provenienz, wie ich bereits andeutete, ſich
nur ſehr ſchwer kontrolieren läßt. Da hatte es ſich der
Verfaſſer eines Stückes, das ich in meiner Jugend ſah, und
in welchem ebenfalls — wie in „Ehre“ — die draſtiſche
Konfrontation zweier auf der geſellſchaftlichen Stufenleiter
weit getrennter Stände die Hauptſache war, bequemer ge=
macht. Es hieß: „Oben und unten“, und mußte auch wohl
ſo heißen, denn der Bühnenraum war durch eine horizontal
gezogene, feſte Decke in zwei Etagen geteilt, die durch Flur
und Treppe, welche man ſich dahinter denken mußte, mit=
einander kommunizierten. Oben wohnten die reichen (und
ſchlechten), unten die armen (und guten) Leute, und die
Handlung ſpielte bald oben, bald unten, bald oben und
unten zugleich. Das war primitiv und naiv, ganz im
Sinne jener anſpruchsloſen Zeit; aber man mußte wo und

wie, und der Autor hatte kein Jota mehr versprochen als
er hielt. —

Ich will hier von „Heimat" sprechen; aber Sudermann
produziert nicht so schnell und ist in unserer dramatischen
Litteratur eine Erscheinung von so eminenter Bedeutung,
daß es sich wohl verlohnt, wenn es das Urteil über ein
neueres Werk von ihm gilt, die früheren Phasen seines
Schaffens zu rekapitulieren.

Eine alte Erfahrung lehrt, daß Dichter ein einmal be-
handeltes Motiv, weil es ihnen ans Herz gewachsen ist,
gern wieder aufnehmen, um es freilich, wenn sie geist- und
phantasievoll genug sind, von einer anderen Seite in einem
anderen Lichte zu zeigen. In „Ehre" war es ein Sohn,
der als junger Mensch sein Elternhaus verlassen hat, um,
in fernen Landen durch jahrelange Arbeit und wechselvolle
Schicksale zum Manne geschmiedet, heimzukehren — ein
Fremder, ohne Verständnis für das, was Herz und Sinn
der Seinen bewegt, wie er in seinem Denken und Empfinden
von diesen nicht mehr verstanden wird. Er hat werden
müssen, was er geworden ist in aufsteigender Linie zu intellektueller und sittlicher Tüchtigkeit; sie haben nicht verhindern
können, daß sie in dem geistigen und moralischen Sumpf,
der ihr Lebenselement war, tiefer und tiefer gesunken sind.
Damit ist der Konflikt gegeben, der bei der Unmöglichkeit
auch nur eines Kompromisses, geschweige denn einer Aus-
gleichung nicht anders als tragisch hätte enden sollen.

Es ist interessant, zu sehen, was der Dichter mit diesem
Motiv vornehmen mußte, damit es in „Heimat" als ein
wesentlich anderes, ja für ein ungeübtes Auge völlig neues
erscheint.

„Heimat" hat, wie die meisten Dramen, ehe die Handlung einsetzt, eine Vorgeschichte, die zu berichten glücklicher-

weise weniger Zeit erfordert, als die so mancher Ibsen=
schen, welche nur dramatisierte letzte Scenen eines langen
Romans sind.

Der Oberstlieutenant a. D. Schwartze hat zwei Kinder
erster Ehe, Magda und Marie, von denen die ältere nicht
gut hat thun wollen. Wenigstens nicht in den Augen des
geistig beschränkten, mit den Scheuklappen starrer Ehrbegriffe
durch das Leben gehenden Vaters. Man darf annehmen,
daß das reichbegabte, leidenschaftliche, selbstherrliche Mädchen
dem wackeren Manne durch ihre Extravaganzen schon manchen
Kummer bereitet hatte, bevor er Auguste von Wendlowski,
eine bereits etwas altjüngferliche Dame, zu seiner zweiten
Frau machte. Wollte er zweifellos mit ihr seinen Kindern
eine zweite Mutter geben, so erwies sich diese Absicht vor=
derhand als verfehlt. Stiefmutter und Stieftöchter konnten
sich nicht ineinander finden. Es ging zur Not noch mit
der jüngeren; es ging ganz und gar nicht mit der älteren.
Tägliche Reibereien und Scenen, die dem Vater den Wunsch
nahelegen mochten, den Störenfried aus dem Hause zu
haben. Dieser Wunsch schien sich in der für ihn wünschens=
wertesten Weise realisieren zu wollen, als der junge, in der
Stadt hochgeachtete Pfarrer Heffterdingk um die Hand der
Siebzehnjährigen anhielt. Magda erklärt, den ungeliebten
Mann nicht heiraten zu wollen; der Vater, der dem ewigen
Unfrieden so oder so ein Ende machen will: „Du parierst
Ordre oder du gehst aus dem Hause". Magda, die froh
ist fortzukommen, läßt sich das nicht zweimal sagen: sie
verläßt Haus und Heimat, vorerst, um bei einer alten
Dame Gesellschafterin zu werden. Das war schlimm für
den Vater, der sein Kind trotz alledem zärtlich liebte. Es
sollte noch schlimmer kommen. Anstatt ihren Trotz fahren
zu lassen und reuevoll=bußfertig in das Elternhaus zurück=

zukehren, schreibt die emancipierte junge Dame nach einem
Jahre, daß sie sich entschlossen habe, zur Bühne zu gehen.
In dem Sinne des pedantischen, bigotten Vaters heißt das:
verloren sein zeitlich und ewig. Er ist von dem Augenblicke
an ein geschlagener Mann, seelisch und physisch: beim Em=
pfange der fürchterlichen Nachricht hat ihn ein schwerer
Schlaganfall getroffen. Die Genesung ist nur eine partielle:
der rechte Arm bleibt gelähmt. In der Armee kann man
invalide Offiziere nicht brauchen: der Major erhält als
Oberstlieutenant seinen Abschied. Ein entsetzliches Unglück
für den Mann, der Zeit seines Lebens Militär und nur
Militär gewesen ist, mit jeder Faser seines Herzens an dem
Soldatentum hängt! Der verschmähte Freier Magdas, der
Pfarrer Heffterdingk, nimmt sich des Verzweifelten an, heilt
den Wunden langsam, macht ihn zum Mitarbeiter an den
frommen Anstalten, deren Leitung ihm anvertraut ist; mit
einem Worte: söhnt ihn so ungefähr mit dem Leben wieder
aus. Nur so ungefähr: das, wie er meint, unverschuldete
Leid nagt und nagt an seinem Herzen; und die Quelle
dieses Leides ist jenes Kind, das er so abgöttisch geliebt
hatte, das er, ohne es zu wissen, noch immer so liebt.

Dies war geschehen, und so liegen die Dinge, als das
Drama einsetzt.

In der Stadt, in der wir uns eine Provinzialhauptstadt
— sagen wir Königsberg — denken müssen, wird ein großes
Musikfest gefeiert. Als „Star" des Festes hat man die
berühmte Künstlerin Maddalena dall' Orto, „die da draußen
die großen Wagnerrollen singt", eingeladen und die Prima=
donna ist der Einladung gefolgt, zur freudigen Überraschung
der guten Stadt, die alles aufbietet, einer so glänzenden
Auszeichnung die gebührende Ehre zu geben. Markt und
Straßen schmücken sich mit Guirlanden; aus den Fenstern

hängen die sorgsam gehüteten Teppiche der Salons; von
den Dächern flattern die Fahnen in den Farben von Stadt
und Land, auch — läßt sich annehmen — in denen Italiens,
des schönen Heimatlandes der gefeierten Sängerin. Vor
ihrem Hotel sammeln sich dichte Scharen, sie bei ihren Aus=
und Einfahrten zu sehen; der Oberpräsident giebt ihr zu
Ehren eine Soiree, zu der nur der Adel und die höchsten
militärischen und civilen Würdenträger geladen sind.

In dem stillen Hause des Oberstlieutenant Schwartze
nimmt man an diesen lärmenden Dingen nur einen sehr
geringen Anteil. Eine Fahne hat man allerdings ausge-
hängt, weil alle Welt es thut; aber Marie, die jüngere der
beiden Schwestern — seit zwölf Jahren „das einzige Kind",
— zerbricht sich den Kopf darüber, von wem wohl die
beiden kostbaren Bouquets kommen mögen, die gestern und
heute in dem Hause abgegeben sind. Sie hat vermutet:
von ihrem Vetter und quasi Verlobten: Max v. Wendlowski;
aber der Herr Lieutenant belehrt sie, daß seine mäßigen
Glücksgüter ihm einen derartigen Luxus nicht gestatten,
ebensowenig, wie offiziell um die Hand der Geliebten anzu=
halten, solange Tante Franziska den Daumen auf dem
Beutel hält und mit der obligaten Kaution nicht heraus=
rücken will. Das tête-à-tête der Liebenden wird unter=
brochen durch das Erscheinen des Regierungsrats v. Keller,
der durch seinen Freund Max in der Schwartzeschen Familie
eingeführt sein möchte. Er hat im Interesse seiner Carriere
die Absicht, in die Konsistorialabteilung der Regierung über=
zugehen, und meint, daß, mit den frommen Kreisen durch
den Oberstlieutenant Fühlung zu gewinnen, der Ausführung
dieser Absicht nur förderlich sein könne. Bisher hatte er
sich dem Schwartzeschen Hause ferngehalten aus einem er=
klärlichen, übrigens soweit unverfänglichen Grunde: er war

der letzte gewesen, welcher der verschollenen Magda in der
Welt draußen, d. h. in Berlin, zur Zeit, als sie ihre
Künstlerinnenlaufbahn begann, begegnet war. Und in einem
Hause von Glas wirft ein Verständiger auch nicht mit einem
kleinsten Steine! Der vorsichtige Herr wird von dem Chef
der Familie und seiner Gattin freundlich empfangen; unter
dem gemeinsamen Zeichen von Gott, König und Vaterland
hat man sich sofort gefunden — die einfältigen Seelen und
der Heuchler. Der Herr Regierungsrat macht ein paar
Hausfreunden Platz, welche die gewohnte Nachmittagspartie
mit dem Oberstlieutenant spielen wollen, aber alsbald wieder
von Tante Franziska vertrieben werden, die in größter Aufregung mit einer ungeheuren Neuigkeit kommt: sie ist gestern
abend auf dem Rout beim Oberpräsidenten gewesen und hat
in der gefeierten Sängerin Magda erkannt. Franziska
kommt nicht allein: der Pfarrer hat sich ihr angeschlossen
— zum Glück oder Unglück, wie man will. Denn jeder-
mann sagt sich, daß es ein sehr problematisches Glück sein
wird, wenn Magda die Schwelle ihres Elternhauses wieder
überschreitet: wer möchte auf der Lava, die der Berg geschieden, seine Hütte bauen? Aber der Pfarrer denkt anders,
muß auf seinem Standpunkte anders denken. Von seinen
gewichtigen Mahnungen erschüttert, auf das herzliche Zureden
von Frau und Tochter, gerührt durch die Zeichen noch fort-
bestehender Anhänglichkeit an das Elternhaus, die Magda
gegeben hat — die Bouquets sind von ihr und zweimal
bereits hat sie in der Dämmerstunde in ihrem Wagen vor
dem Hause gehalten und sehnsuchtsvoll zu den Fenstern
emporgeblickt — giebt der Vater seine Einwilligung zu
einem Wiedersehen mit der verlorenen Tochter. Der Pfarrer
geht, sie aus ihrem Hotel zu holen.

Damit schließt der erste Akt; ein Muster klarster, alles

zum Verständnis des Vorausgegangenen Nötige berührender,
das Kommende diskret andeutender Exposition. Kein Wort
zu viel, keins zu wenig. Mit fester Hand umrissene Charaktere.
Vorgänge, die, ohne alltäglich zu sein, doch nicht wahrschein-
licher abrollen können. Keinen Augenblick das Gefühl, daß
hier Komödie gespielt wird. Nur die gespannte Erwartung,
was will das werden? und der Wunsch, daß sich der Vorhang wiederum hebe. —

Ein paar Stunden später beim Hereinbrechen des
Abends. — Der Pfarrer ist bereits seit einer Stunde fort;
die Musikaufführung muß längst zu Ende sein; Magda
wird nicht kommen wollen. Die Familie ist in fieberhafter
Aufregung. Da hält der Wagen wieder vor dem Hause.
Sie ist es! Vater und Mutter eilen hinab. Sie kommen
mit ihr zurück.

Scenen des Wiedersehens, ach! nicht des Wiederfindens!
Da ist der Vater, der aus dem stattlich-rüstigen Mann zum
Greise und Krüppel, die altjüngferliche Stiefmutter, die zu
einer herzlich wohlwollenden, herzlich unbedeutenden Matrone
geworden; da ihre Schwester, die sie als halbes Kind ver=
lassen, und die ihr jetzt als erwachsenes, verkümmertes,
bleichsüchtiges Mädchen mit der aussichtslosen Liebe zu ihrem
pfenniglosen Lieutenant im Herzen entgegenkommt; da sind
die alten verwohnten Räume mit den alten verschossenen
Gardinen und antiquierten Möbeln; da ist die Heimat, die
— nicht mehr ihre Heimat ist. In ihrem reich bewegten
— nun schon jahrelang auf den Höhen der Kunst und
Gesellschaft sich umtreibenden — Leben ist sie weit, weit
über solche ökonomisch quetschende Enge, über die verdumpfte
geistige Atmosphäre dieser Alltagsmenschen hinausgewachsen.
Und wie sie sich nicht in diesen Menschen zurechtfinden kann,
so vermögen es diese noch viel weniger in ihr. Man tauscht

Liebkofungen und freundlichfte Worte; aber man verfteht einander nicht mehr. Bereits zieht eine dunkle Wolke an diefem unheimlichen Familienhimmel herauf, als Magda erklärt, weiter in ihrem Hotel wohnen zu müffen, während der Vater für felbftverftändlich hält, daß das Elternhaus einem heimgekehrten Kinde die einzig geziemende Wohnftätte fei. Die Wolke wird zerftreut durch den Pfarrer, der fie vergeblich im Hotel erwartet hat und jetzt erfcheint, wohl ahnend, daß feine Gegenwart in diefem Augenblick fehr notwendig ift. Er bittet Magda, ihm eine Unterredung von wenigen Minuten zu fchenken. Folgt diefe Unterredung, die pièce de résistance des zweiten Aktes. Magda fieht fich einem Manne gegenüber, den fie durchaus mißachten zu dürfen glaubt, und der zu ihrem Staunen mit jedem Worte, das er fpricht, geiftig wächft und wächft, daß fie, wie ge= bannt, feiner Rede laufchen muß. Was muß fie hören? Sie ift Anftifterin des Unheils gewefen, das über ihren Vater hereingebrochen, die moralifch Schuldige an feiner Außerdienftftellung. Er, der Pfarrer, hat das zertrümmerte Glück der Familie mühfelig foweit wieder aufgebaut; fie darf nicht gekommen fein, es noch einmal zu zerftören — fchlimmer und gründlicher als vorher. In Magda fchreit es: folge ihm nicht! „Wenn Sie wüßten, was hinter mir liegt," fagt fie zu ihm, „würden Sie mich nicht halten wollen." Und als fie endlich doch einwilligt, zu bleiben, thut fie es unter der Bedingung, daß man fie nach dem, was fie „da draußen erlebt", nicht fragen dürfe. Das ver= fpricht ihr der Pfarrer für fich und die andern. Die Familie verfammelt fich; man begiebt fich zum Abendbrot in das Speifezimmer. Der Pfarrer hält den Oberftlieutenant einen Moment zurück, ihm die Bedingung Magdas mitzuteilen. „Was? was? Ich — foll — nicht —?" ruft diefer

entsetzt. — „Nein, nein —" erwidert jener, „nicht fragen,
sonst — — Sie wird es selbst gestehen." —

Mochte die Bedingung, unter der Magda geblieben,
von allen respektiert werden; mochte sie das Halten derselben
von allen erzwingen — daß der Vater, wie er nun einmal
ist, sie trotz des besten Willens nicht respektieren werde, die
Tochter von dem Vater diesen Respekt nicht erzwingen könne,
ist klar. In dem Alten bohrt und bohrt ein Verdacht, um
so fürchterlicher, als er für ihn keinen Ausdruck zu finden
weiß und schließlich doch einen findet: Magda soll ihm
sagen, daß sie „rein geblieben sei an Leib und Seele".
Dann möge sie gesegnet ihres Weges ziehen. Noch einmal
gelingt es Magda auszuweichen, aber es ist der letzte
Winkelzug vor der Katastrophe, die nun mit unabwendbarer
Macht hereinbricht in der schauerlichen Scene, welche sie
mit dem Manne wieder zusammenführt, der vor zwölf
Jahren die Liebe der Unerfahrenen, Unbewachten, Heiß-
blütigen zu gewinnen wußte und feige zu verraten erbärmlich
genug war. In dem Tumult des Außersichseins, in welchen
das fürchterliche téte-à-téte die beiden gepeitscht hat —
des lobernden Zornes, der hohnlachenden Verachtung auf
ihrer, der fiebernden Angst vor Entdeckung auf seiner Seite
— werden sie von dem Vater überrascht. Magda enteilt;
von dem Verführer, der widerwillig genug zum Bleiben gezwungen ist, fordert der Vater ein Ehrenwort, das dieser
zu geben sich weigert. Wenn dem alten Manne noch ein
letzter Zweifel an der Schuld der Tochter geblieben wäre,
so ist er jetzt geschwunden. Die Specialbeichte, zu welcher
er jene nicht mehr zu zwingen braucht, kann ihn nichts
Neues mehr lehren.

Magda glaubt mit dieser Beichte die verhängnisvolle
Unvorsichtigkeit gesühnt, welche sie beging, als sie die alte

Heimat nochmals betrat. Sie irrt sich. Ein für sie uner=
hörtes Ansinnen wird an sie gestellt: sie soll den Menschen
heiraten, den sie namenlos verachtet. Der Pfarrer meint,
daß sie es muß, will sie nicht ihren alten Vater, der den
Verführer zu fordern gegangen ist, sich für sie hinopfern
lassen, mit ihm die gute Stiefmutter, die unschuldige Schwester,
den Bestand und das Glück ihrer Familie von Grund aus
zerstören. In Magda schreit es: nein! nein! und dennoch
sagt sie: ja, denn über alles kommt ein Weib hinweg, an
dessen mitleidvolles Herz man mit solchen mächtigsten Strängen
reißt, solange es nur eine Opferung ihrer selbst gilt; über
eines nicht: auch ihr Kind zu opfern, ihr Heiligstes opfern
zu sollen: ihre Mutterliebe, ihre Mutterpflicht.

Und gerade das heischt man nachträglich von ihr: der
Verführer, der sie nur unter dieser Bedingung heiraten will,
der Vater, der ihr sagt, daß sie ihrerseits das Recht ver=
scherzt habe, Bedingungen zu stellen. Hier giebt es für die
Unglückliche keinen Ausweg mehr, als sich einer Schuld an=
zuklagen, die sie möglicher= ja wahrscheinlicherweise nicht auf
sich geladen hat, die aber, sobald sie sich derselben zeiht,
dem Vater verbietet, auf seiner Forderung zu bestehen.

Das Ende ist da. Der Vater will die Tochter, die sich
für eine Dirne erklärt hat, töten; nur seinem paralysierten
Arm verdankt er, daß der eintretende Schlaganfall, dem er
erliegt, keinen Kindesmörder trifft.

Dies die kondensierte Handlung des Stückes.

Auch dem, welcher es erst aus dieser meiner Relation
kennen lernen sollte, werden einige Bedenken gekommen sein,
ob es hier überall mit rechten Dingen zugehe. Zuerst:
Warum ist Magda bei den tausend Gründen, die sie hatte,
ihre Heimat zu meiden, dennoch heimgekehrt? Der Pfarrer
richtet die Frage an sie; Magda giebt die Antwort darauf:

„ein ganz klein wenig Heimweh, dazu ein Gefühl, halb Neugier, halb Scheu — halb Wehmut, halb Trotz" — Trotz, sich, bleibt sie unerkannt, in Erinnerung der im Vaterhause ausgestandenen Misere, „an sich selbst zu weiden"; wird sie erkannt, den Ihren zu zeigen, daß „man auch abseits von der engen Tugend jener was Echts und Rechts werden kann". Nicht jeden wird diese Antwort befriedigen; einem und dem andern dürfte sie als jener salto mortale erscheinen, den ein Dichter machen muß, um von der Wirklichkeit der Welt auf die Bretter zu gelangen, welche die Welt bedeuten. Die Naturalisten von der strikten Observanz schlagen selbstverständlich drei Kreuze vor solcher Versündigung, ohne zu bedenken, daß sie damit nur ihrer Ketten spotten.

Sodann: es ist begreiflich, daß Magda (am Schluß des zweiten Aktes) zur Bedingung ihres Bleibens macht, man dürfe sie nicht über ihre Vergangenheit ausforschen. Aber wie kann ein Mann, wie der Pfarrer, der in die Herzen und Nieren der Menschen blickt, sich nicht sofort sagen, daß die Garantie dafür zu übernehmen außer seiner Macht steht? wie kann er weiter — und schlimmer — dem Vater diese Bedingung ohne jede Beschönigung sofort insinuieren? und — was das schlimmste ist — dem Entsetzten die Versicherung geben: „Sie wird es — selbst gestehn?" Da hätte denn doch Magda das Recht, zu beten: Gott schütze mich vor meinen Freunden!

Drittens: Magda und der Regierungsrat werden von dem Vater überrascht. Beide sind in furchtbarer Erregung. Zugegeben. Aber ist es denkbar, daß sie, welche „die großen Wagnerrollen singt", nichts Besseres in hoc discrimine rerum zu thun weiß, als, das Tuch ins Gesicht drückend, zu fliehen, wie eine ertappte Klosterpensionärin? Denkbar, daß der Mann, der die Unverfrorenheit in Person ist, keine

kleinste Lüge vorzubringen, seine Haltung so wenig zu wahren
weiß, daß der alte Mann stockblind sein müßte, wollte er
nicht sehen, wie die Sache liegt?

Man kann sagen: der Dichter brauchte diese Wendung
der Dinge, um zu seinem Ziele zu gelangen. Aber das
wäre doch nur eine Erklärung, keine Entschuldigung.

Erklärlich und entschuldbar, vielmehr einwandsfrei, ist
ein anderer auffälliger Punkt: der von dem Vater um sein
Ehrenwort gedrängte Regierungsrat verweigert es. Nach den
in der Gesellschaft acceptierten Gesetzen der Ehre muß ein
Mann von Ehre fälschlicherweise sein Ehrenwort geben,
wenn er durch die Weigerung desselben den Ruf einer
Dame, gegen die er alle und jede Verpflichtung hat, zu
Grunde richtet. Daß er sehr wahrscheinlicherweise seine
Lüge mit dem Tode wird zu büßen haben, darf ihn nicht
anfechten. In dem vorliegenden Fall ist das furchtbare
Dilemma nur scheinbar: Herr von Keller ist kein Mann
von Ehre.

Aber der Vater ist es und im Grunde seines Herzens
ein guter Mann, den sein verlorenes Kind nicht grenzenlos
unglücklich gemacht haben könnte, wenn er es nicht grenzenlos
geliebt hätte. Und dieser Mann verpfändet sein Ehrenwort
dafür, daß Magda ihre Hand einem Menschen giebt, den
er aus tiefster Seele verachten muß; und daß sie ihrem
Kinde entsagen wird, — demselben Kinde, auf dessen Haupt,
als auf ihr Allerheiligstes, sie eben hat schwören sollen, sie
wolle „die ehrbare Frau seines Vaters werden"!!

Und hier, angesichts dieser Ungeheuerlichkeit, stehen wir
vor der Frage: hat der Dichter sie gewollt? und wenn wir
sie, wie wohl selbstverständlich, bejahen müssen, sofort vor
der anderen finalen: was hat er dann mit seinem Drama
gewollt? Ein Stück Leben darstellen, gesehen durch ein

Temperament, sagen die Naturalisten; sub specie einer Idee, die Idealisten. Da mir der Begriff des Temperaments im Sinne der neuen Schule bis heute mystisch geblieben ist, muß ich mich wohl oder übel an die Auffassung der alten halten: von der Kunst im allgemeinen, dem Drama im besonderen, dessen reifste, kostbarste Frucht dann wieder die Tragödie ist. Die — nach jener Auffassung — dadurch zu stande kommt, daß zwei Weltanschauungen, deren jeder ein gewisses Recht innewohnt, aufeinanderstoßen und sich in diesem Zusammenstoß in ihrer einseitigen Überspannung offenbaren, in gloriam der gesunden Sittlichkeit, der über den Parteien schwebenden Gerechtigkeit, des unumstößlichen Lebensprinzips, oder wie man das, was sich die Hellenen als Ate über Götter und Menschen herrschend dachten, sonst bezeichnen mag.

Von diesem Standpunkte aus gesehen, ist Sudermanns „Heimat" eine regelrechte Tragödie. Sollte in der Welt der überspannte Ehrbegriff des Oberstlieutenant Schwartze allmächtig herrschen, so müßte sie, so müßten wenigstens alle Blütenträume zu Grunde gehen, ohne deren Reifen uns Kulturmenschen das Leben nicht mehr lebenswert erscheint. Wollten alle Menschen, wie Magda, nur „ihrer selbst willen" da sein; Heimat, Elternhaus, Geschwister, Freunde — alles in die Schanze schlagen; was sonst als sittlich gilt, für nichts achten, um sich „auszuleben" bis zu der Grenze jeder Kraft, die sich in ihnen regt, so mögen die Weltverbesserer uns erst das Utopien schaffen, in welchem das möglich ist, und doch ein Gemeinwesen, die Spur nur eines Gemeinwesens bleibt.

So, völlig tragisch, liegt die Sache im Stück. Vor den Augen des Zuschauers geht allerdings nur der Vater an seinem unbändigen Trotz zu Grunde. Aber auch Magda

wird, wenn sie wieder zu ihrer Welt voll Glanz und
Schimmer zurückkehrt, sich in den größten Wagnerrollen das
Bewußtsein nicht wegsingen können, daß ihrem alten Vater
der Gram um sie das Herz gebrochen hat; und ihre Theorie
von der Schuld, die der Mensch auf sich zu nehmen habe,
damit er „was Echts und was Rechts" werde, mit der
Erfahrung des Harfners in Wilhelm Meister von der Rache,
die der Schuld auf den Fersen folgt, komplettieren müssen.

Das freilich liegt hinter dem Vorhang, der sich zum
letztenmal senkt, und ich fürchte, es verdunkelt ein wenig
des Dichters eigentliche Absicht, daß er das Mitleiden des
Zuschauers zu lange und intensiv auf die Seelen= und Körper=
qualen des Rächers seiner Ehre heftet, uns so vergessen
machend, oder doch nicht recht bedenken lassend, daß der
Vater nicht minder schuldig ist, als die Tochter, welche ver=
geblich um den Segen des Sterbenden fleht.

Und er hätte es so bequem gehabt, uns seine ganze
Absicht zu verraten! Er hätte nur nicht sehr zur Unzeit
das Zünglein auszubrechen brauchen, an dessen Stellung
wir während des ganzen bisherigen Verlaufes den Stand
der moralischen Wage jederzeit beurteilen konnten. Ich
meine: hätte er, wie bei allen früheren Instanzen des Pro=
zesses, so auch in der letzten, die Frage, um die es sich
schließlich handelt, dem Urteilsspruch des sittlich unparteiischen
Chors: des Pfarrers Heffterdingk, dem nichts Menschliches
fremd ist, unterbreitet. Ich weiß nicht, wie sich der hoch=
würdige Herr entschieden hätte; vermute aber dahin, daß
der Vater kein Recht habe, der Tochter einen Gatten auf=
zuzwingen, der ihre Mutterliebe mit Füßen tritt und den
Mut dazu hat, weil sein Herz ein fühlloser Muskel ist, der
von Vaterliebe nichts ahnt. Mir ist unbegreiflich, warum der
Dichter einer Entscheidung aus dem Wege gehen mochte,

die er um so leichter anrufen konnte, weil sie an dem Gang
des Stückes nichts geändert hätte, da der Vater trotzdem
bei seinem seelenmörderischen Eigensinn verblieben sein
würde; und anrufen mußte, wollte er den Zuhörer nicht,
wie jetzt der Fall mit dem peinlichen Gefühl eines Non liquet
entlassen, für das ihm die Naturalisten freilich Dank wissen
werden.

Aber das alles sind Erwägungen und Bedenken, die
man anstellen und haben kann, ohne damit den hohen Wert
des Stückes irgend herabzusetzen. In meinen Augen besteht
sein höchster darin, daß es genau auf dem Wege liegt, der
uns, unbehelligt von der Liebedienerei ausländischer soge=
nannter Muster, zu dem Lessingschen Ideale einer wahrhaft
nationalen Bühne führen wird — dem Wege, auf welchem
dem Strebenden Minna von Barnhelm und Kabale und
Liebe als glänzende Fanale voranleuchten.

—⁕——

XX.

Das Glück im Winkel.

Auch nur ein Glück im Winkel — ein jedes
Glück ist willkommen —
Schliche das Unglück nur nicht selbst in den
Winkel sich ein!

Ich gestehe gern, für „Das Glück im Winkel" eine
besondere Vorliebe zu haben. In keinem andern seiner
Stücke schlägt der Dichter so tiefe Herztöne an; und das ist
wohl der Grund, weshalb dies intime Stück von der Bühne
herab nicht den rauschenden Beifall gefunden hat, wie etwa
„Ehre" oder „Heimat". Es finden sich eben nicht leicht
Schauspieler, die Herzenstöne anzuschlagen verstehen; und
finden sie sich, fehlt wieder die Resonanz im Publikum.
Die Aufführung am Berliner Lessing-Theater, obgleich nichts
weniger als schlecht — lag doch die wichtige Rolle des
Röcknitz in den Händen keines Geringeren als Mitter=
wurzer — wie weit blieb sie in der Wirkung hinter der
zurück, welche die Lektüre auf mich gemacht hatte! Die
Umrisse waren wohl da; Schatten und Lichter richtig ange=
deutet; aber wohin geschwunden das holde Clair-Obskür, in
welches wir beim Lesen zu blicken glauben? Und aus dem
so viel zarte Geheimnisse zu lauschen scheinen? Ein wert=
voller Holzschnitt, alles in allem, nach einem in zugleich
sattesten und duftigsten Farben gemalten Bilde.
Und wieder einmal fragte ich mich, ob das Drama auf
der Bühne wirklich das rechte Instrument sei, die Empfin=
dungswelt einer Generation wiederzugeben, die in dem stetigen

Verfeinerungsprozeß der Menschheit zu einem Punkte vor=
schritt, wo das Verlangen nach Aufwühlung gröberer Leiden=
schaften, die einem robusteren Geschlechte Bedürfnis ist,
weit zurücktritt hinter dem Wunsch, die feineren Schwingun=
gen des Nervenlebens zu beobachten, und von dem Dichter
klargelegt zu sehen, „was von Menschen nicht gewußt,
oder nicht bedacht, durch das Labyrinth der Brust wandelt
in der Nacht". Für diese zarten Geheimnisse ist das grelle
Bühnenlicht nicht die richtige Beleuchtung, gerade wie die
Feinheit eines Gemäldes in der brutalen Helligkeit elektrischer
Lampen rettungslos für den Kenner verloren geht, während
das gröbere Sensorium des Laien an dem Geflimmer und
Geglitzer und den Knalleffekten, die sie hervorrufen, immer=
hin seine Rechnung finden mag.

Mir ist Elisabeth weitaus die seelenvollste aller weib=
lichen Gestalten unsers Dichters, der Magda der „Heimat"
an wahrer Noblesse der Gesinnung, an zarter Empfindung
und feinem Takt des Herzens weit überlegen. Das soll
kein Vorwurf für Magda und ihren Dichter sein. Nicht
immer kann der Dichter Gestalten schaffen, denen er seine
volle Sympathie entgegenbringt. Ja, diese innige Anteil=
nahme, wie Goethes an der Adelheid im Göß, stört ihm
leicht das Concept, während ein Eduard der Wahlverwandt=
schaften, den er „nicht mag", desto voller und runder heraus=
kommt. In der Kunst ist und bleibt die Hauptsache, daß
jede Figur an ihrer richtigen Stelle steht und diese Stelle
ausfüllt. Wir begreifen sehr wohl, daß bei einer Sängerin,
welche „die großen Wagnerrollen" singt, die feineren Züge
des Gesichtes und der Seele Schaden leiden, und verlangen
von ihr keine besondere Vorliebe für Familienempfindungen.
Elisabeth ist eine lady born and bred. Ich möchte sie von
Eleonore Duse dargestellt sehen. Sie, aber auch sie allein

unter allen lebenden Künstlerinnen, wäre wohl im stande,
der wundervollen Gestalt auf der Bühne das innige Leben
einzuhauchen, von dem sie für den sinnigen Leser erfüllt ist.
Elisabeth ist ein dichterischer Triumph. Wie kompliziert
auch ihr Wesen, so bruchlos steht sie vor uns da. Klein,
sehr klein hat sie sich machen müssen, um in die engen
Verhältnisse des Rektorhauses sich einzuschmiegen; und trotzdem sie mit keinem Worte, keiner Miene die Bescheidenheit
der Rolle verletzt, zu der sie sich verurteilte, haben wir beständig das Gefühl ihrer wirklichen Größe. Wie der olym-
pische Zeus die Empfindung erweckte, er werde, wenn er sich
aufrichtete, das Dach des Tempels einstoßen, so fürchten wir,
sie könne sich einmal zu ihrer vollen Höhe erheben. Aber
sie thut es nicht; auch, als sie dem Kreisschulinspektor so
prachtvoll heimleuchtet, läßt sie es bei einer Andeutung ihrer
wahren Natur bewenden. Wiederum in ihrem Sichtleinmachen
keine Spur von Affektation. Wie einfach, schlicht, natürlich
ihre Sorge um den kümmerlichen Haushalt! ihr Bemuttern
der blinden Stieftochter, der beiden wilden Jungen; des
blöden guten Dangel! Von welchem zarten Takt ihr
Benehmen gegen den braven, unbedeutenden, ungeliebten
Gatten!

In ihrem Verhältnis zu ihm liegt der Schwerpunkt des
Stückes; in der Beantwortung der Frage: kann man an
ein eheliches Glück glauben zwischen einem vor der Zeit
gealterten Mann, der „fertig ist mit seiner Jugend", fertig
mit dem Leben, auf dessen Preise er ein für allemal
verzichtet hat; und einer jungen Frau, die von sich sagen
muß: „In mir fieberte noch alles — noch jeder Nerv . . .
voll Sehnsucht hab ich gesteckt bis oben . . . Ach, was
hab ich alles erleben wollen! . . . Und da kommen dann
die Winterabende, wo man in die Lampe starrt, und die

Sommernächte, wenn die Linde vor der Thür blüht — — Und man sagt sich: Dort irgendwo liegt die Welt und das Glück — aber du sitzt hier und strickst Strümpfe!"? Und sie sagt das nicht etwa in ruhigem Rückblick auf Zeiten die hinter ihr liegen, deren Versuchungen und Gefahren sie längst überwunden hat — nein! in einer Stunde, da sie zu sterben entschlossen ist! ihre Lippen noch brennen von den Küssen, die sie mit dem Geliebten ausgetauscht!

Es wird nicht jeder — am wenigsten: jede Frau — mit Röcknitz sympathisieren können. Besonders originell kann man die Gestalt nicht nennen: sie hat, wenn nicht in der dramatischen, so doch in der Romanlitteratur eine stattliche Reihe von Ahnherren, deren leibhaftiges, nur vergröbertes Abbild sie ist. Aber gerade diese Vergröberung, dieser Stich aus dem vornehmen Herrn in den Reitmeister einer Manège hat etwas Überzeugendes, legitimiert ihn als den rücksichts= losen Herrenmenschen fin de siècle und macht aus ihm eine eigenartige, so noch nicht dagewesene Erscheinung. Wie dem auch sei: Elisabeth hat ihn geliebt, hat nicht aufgehört, ihn zu lieben. Wird sie das jetzt, nachdem sie an seiner Brust gelegen? seine Küsse getrunken hat? sie sich gegenseitig ihre Liebe (an der keines von ihnen vorher gezweifelt) noch aus= drücklich versichert? Kann die junge Frau dafür, wenn ihr, trotz der besten Vorsätze, jene ominösen Winterabende und Sommernächte wiederkommen? kann sie in Zukunft — Hand auf dem Herzen — für „das Glück im Winkel" einstehen?

Der Dichter verlangt, daß wir es annehmen. „Mir ist, als säh ich dich (den Gatten) heute zum erstenmal!" läßt er seine Elisabeth sagen. Darüber fällt der Vorhang.

Ich für mein Teil bin nicht überzeugt. Mir deucht: dies ist einer der tausend Fälle, wo der dramatische Dichter

mit einem peremptorischen: Sic volo! sic jubeo! die Opposition, die sich im Herzen des Zuschauers regen will, zum
Schweigen zu bringen sucht, und sicher oft genug zum
Schweigen bringt. Denn er ist im Bunde mit dem mächtigsten der Herrscher: mit dem Augenblick. Der Zuschauer
steht in seinem Bann, unter seiner verblüffenden Wirkung,
die der kluge Dichter voll für sich ausgenutzt hat. Das
Stück ist zu Ende. Es hat uns unterhalten, ergötzt, gerührt.
Weshalb noch lange darüber grübeln, ob auch alles mit
rechten Dingen zuging? So bleibt der Zuschauer der willig
Düpierte; und der Dichter lacht sich ins Fäustchen.

Da bin ich denn wieder bei meinem oben ausgesprochenen
Zweifel, ob das Bühnendrama wohl das legitime Vehikel
sehr intimer, sehr komplizierter Herzensgeschichten sei. Denn
daß gerade in solchen die Vertauschung eines X. mit einem U.
am leichtesten von geschickten Händen ins Werk gesetzt werden kann, liegt auf der Hand. Lady Makbeth freilich würde
in den Augen auch des naivsten Zuschauers keine noch so
feine Vertuschung, keine noch so gewandte Schiebung von
der moralischen Mitschuld an dem Morde Dunkans reinigen
können; Elisabeths künftigen Seelenfrieden mag der Dichter
kühn behaupten und es auf das skeptische Lächeln des Tiefer-
blickenden und sein ungläubiges: Credat Iudaeus Apella! ruhig
ankommen lassen.

Ist aber das Drama das rechte Vehikel nicht, so muß
wenigstens die Frage erlaubt sein, ob es nicht etwa der
Roman wäre?

Mir wenigstens drängt sie sich auf, indem ich Sudermanns Drama mit einem Roman der neuesten italienischen
Litteratur vergleiche: Il peccato di Loreta von Alberto
Boccardi (Milano. Fratelli Treves 1896). Die Ähnlichkeit
des Themas, selbst die Führung der Handlung in beiden

Werken sind so groß — ein späterer Litterarhistoriker würde
zweifellos ein zwischen ihnen bestehendes Abhängigkeitsver=
hältnis ohne weiteres konstruieren. Ich sehe in dieser Ähn=
lichkeit, die sich stellenweise — und bei sehr wichtigen Punkten
— bis zur Gleichheit steigert, schlechterdings nichts als einen
Zufall und den Beweis, daß Dichter, ohne voneinander eine
Ahnung zu haben, zu derselben Zeit auf denselben Stoff
verfallen können, der dann, eben weil er derselbe ist, muta-
tis mutandis dieselbe Behandlung finden wird.

Man urteile selbst!

Die Heldin des Romans, Loreta, ein schönes, armes,
geistvolles, höchst edles Mädchen hat ihr wechselvolles Schick=
sal in das Haus einer Gräfin=Witwe geführt als Gesell=
schafterin von deren einziger Tochter. Das Verhältnis
zwischen der Comtesse und ihrer Gesellschafterin wird bald
das freundschaftlichste, innigste. Es lebt aber in dem Hause
auch ein einziger Sohn, etwas älter, als Loreta: ein blühen=
der, enthusiastischer Mensch. Eine gegenseitige Neigung der
beiden jungen Leute steigert sich schnell zu glühendster Liebe.
Die adelstolze Mutter ist empört, als sie das Geheimnis
entdeckt; aber ihr Stolz muß sich der Seelenhoheit Loretas
beugen, von deren Großmut sie Entsagung erfleht. Loreta
entsagt; weicht aus dem Hause; verbirgt sich vor dem Lieben=
den im Gewimmel der Welt; muß Hartes erdulden, bis sie
— ich kann hier auf die Einzelheiten der Erzählung nicht
eingehen — abermals als Gesellschafterin zu einer alten
würdigen Dame kommt, die einsam in ihrer Villa auf dem
Lande haust, und deren Herz sie leicht, wie die Herzen aller
gewinnt. Auch das des Sohnes der Dame, eines nicht mehr
jungen, dunklen Ehrenmannes, der ohne jeglichen Ehrgeiz
nur für seine alte Mutter und seine antiquarischen Studien
lebt. Die Mutter stirbt. Mattia, der Loreta längst liebt,

bietet ihr, um sie nicht zu verlieren, seine Hand. Sie nimmt sie, ohne Liebe freilich, aber voller Verehrung für die Tugenden des bescheidenen, trefflichen Mannes, um endlich Ruhe nach den Stürmen ihres Lebens, endlich „das Glück im Winkel" zu finden, welches die Sehnsucht ihres kranken Herzens ist. Sie scheint es gefunden zu haben. Das Verhältnis zwischen den beiden gestaltet sich — wenn wir von den Kindern absehen, die nicht vorhanden sind — ganz analog dem der Personen im Drama. Mattia, gerade wie der Rektor, trägt und quält sich fortwährend mit der Empfindung, daß ihm die schöne, geistvolle Loreta ein Opfer bringt, dessen er sich nicht wert weiß; Loreta, gerade wie Elisabeth, sucht es ihm durch treue Sorge für sein Wohl, für den Haushalt, durch gleichmäßig=gütiges Betragen zu vergelten. Der Himmel über den beiden, so verschiedenartigen, in tiefer ländlicher Zurückgezogenheit lebenden Gatten ist nicht von glänzender Bläue, aber auch ohne jegliche Gewitterwolke. Die dann freilich drohend heraufzieht, als der junge Graf (der übrigens keine Ahnung von den weiteren Schicksalen der Geliebten seit der Trennung hat) ein ihm gehörendes Schloß in unmittelbarer Nähe des Landhauses der Gatten zu einem kurzen Aufenthalt besucht. Der Graf und der Gatte Loretas kennen sich nicht persönlich; aber zwischen seiner und Mattias Familie haben vor Zeiten gemeinschaftliche politische Strebungen und gegenseitige Hilfleistungen ein starkes Band geflochten, das in einer ersten Begegnung leicht wieder angeknüpft wird. In den Liebenden ist die alte Leidenschaft nicht erloschen und flammt beim Wiedersehen zur alten Glut auf. Loreta will ausweichen, ihrem Gatten die gelobte Treue bewahren — es soll nicht sein. Der Zufall spielt wiederholt den Kuppler, bis es ihm gelingt, die Unglücklichen während eines Unwetters in dem einsamen Schlosse des Grafen zusammenzuführen.

Nun Erinnerung vergangener glücklich=unglücklicher Tage,
Zweifel an der Treue hinüber und herüber, erneute Schwüre,
„Wechselhauch und Kuß, Liebesüberfluß". Innerlich ver=
nichtet kehrt Loreta zum Hause des Gatten zurück, aus dem
„das Glück im Winkel" fortan entflohen ist. Der Gatte
ahnt, was geschehen; eine Unterredung mit seinem jungen
Freunde, in welcher dieser sich zu halben Geständnissen her-
beiläßt, raubt ihm vollends den Frieden der Seele, von der
in Loreta der letzte Schimmer erloschen. Mit dem Geliebten
darf sie nicht, ohne ihn kann sie nicht leben; der Verrat,
den sie an dem guten, großherzigen Gatten geübt, treibt sie
zur Verzweiflung. Eine Krankheit, in die sie verfallen, thut
ihr Werk zu langsam; sie beschließt, den erwünschten Tod
gewaltsam herbeizuführen. Vorher beichtet sie dem Gatten
in einem Briefe, den er nach ihrem Ende finden soll, ihre
ganze Schuld. Bei herabsinkender Winternacht schleicht sie
sich aus dem Hause, findet das Hofthor verschlossen; quält
sich vergebens, es zu öffen; bricht zusammen; wird so ge=
funden, in das Haus zurückgebracht — eine Sterbende. An
ihrem Bette überantwortet der Gatte den ominösen Brief
ungelesen den Flammen des Kamins und betet für ihre
Genesung. Ob mit Erfolg? Nach der Schwere der Krank=
heit, die ausführlich geschildert wird, darf man es nicht an=
nehmen; nach allem, was vorgegangen, kann man es nicht
wünschen.

Die Ähnlichkeit des Themas im Drama und im Roman
liegt auf der Hand; die Verschiedenheit der Ausführung —
abgesehen von dem selbstverständlich vielfach differierenden
nationalen Kolorit — resultiert zu einem nicht geringen Teil
aus der Verschiedenheit der gewählten Dichtungsart. Ich
rechne in erster Linie dahin den schwerwiegenden Umstand,
daß der Ehebruch, der im Drama in so viel milderer Form

— man möchte sagen: nur andeutungsweise — stattfindet, von dem Romandichter kraft der größeren Freiheit, die er hat, völlig ernst genommen wird. Wovon dann wieder die Folge, daß in dem Roman die Heldin wohl, wie die des Dramas, durch einen Zufall von der Ausführung des beab=sichtigten Selbstmordes verhindert; aber nicht aus der Tiefe ihrer Verzweiflung gerissen werden kann. Und so schließlich im Roman „das Glück im Winkel" in Scherben liegt, während das Drama uns zumutet, es aus der Katastrophe unversehrt, wo möglich gefestigt hervorgegangen anzusehen.

So denn finde ich den Roman wahrer, logischer, konse=quenter, als das Drama; nicht, weil sein Dichter der be=deutendere ist — weit eher möchte das Gegenteil der Fall sein — sondern weil er sich zur Verkörperung der höchst sub=tilen Idee die Dichtungsform wählte, in welcher nach meiner Ansicht ein Gelingen — ich will nicht sagen: allein; aber doch schon eher möglich war.

XXI.

Morituri.

Sterben müsset auch ihr — gewiß! Doch sorgte der Dichter,
Daß aus der Urne sobald euch nicht entrolle das Los.

Daß der Dichter des Einakters es verhältnismäßig
leicht hat, die rigorose Förderung der drei dramatischen
Einheiten zu erfüllen, liegt auf der Hand. Es gehört schon
ein besonderes Ungeschick dazu, käme er in die Lage, eine
von ihnen verletzen zu müssen. Bedingen und erfordern sie
sich doch wechselseitig. In der knapp bemessenen Zeit kann
sich nicht wohl mehr als eine Handlung abspielen; bei in
der Zeit knapp bemessenen Handlungen pflegt das Lokal
nicht zu wechseln.

Dazu gesellt sich ein zweiter Vorteil, für den der Realist,
und gar der Naturalist noch besonders dankbar sein werden.
Indem er, was er doch muß, die vorzuführende Handlung
so wählt, daß sie sich in Wirklichkeit an dem gegebenen
Orte in der identischen Zeit zugetragen haben könnte, ist er
gezwungen, sich nun auch streng an die Wirklichkeit zu halten;
mit keinen weitschweifenden Wenn und Aber zu operieren;
des Hic Rhodus. hic salta eingedenk zu bleiben; nur das
zu bringen, was streng zur Sache gehört. Da muß denn,
wohl oder übel, die Phantasie des Zuschauers in den Kreis,
den er ihr erschließt, gebannt bleiben, und jetzt, wenn je,
sein Ideal: dem Werke seiner Kunst den vollen Anschein der
Wirklichkeit zu geben, in schönste Erfüllung gehen.

Möchte man sich da nicht wundern, daß unsre modernen
Dramatiker, soviel sie in der Theorie für die Form des

Einakters übrig haben, in praxi verhältnismäßig selten dazu greifen? Nur daß man bei genauerer Betrachtung bald herausfindet, wie schwer es hält, sich in dieser Beschränkung als Meister zu zeigen, und den engen Rahmen mit einem Bilde menschlichen Lebens und Treibens zu erfüllen, das den Zuschauer interessiert, packt, in Atem erhält, und ihm am Schluß, trotz seiner unbedeutenden Dimension, als ein Bedeutendes erscheint und als ein Ganzes, zu dem nichts hinzuzuthun, von dem nichts wegzunehmen ist.

Unter so schwierigen Bedingungen aber wird sich ver= mutlich der tragische, oder doch ernstere Stoff als der dank= barere erweisen. Die Flügel der komischen Muse bedürfen viel Ätherraum, sich frei entfalten zu können; mehr wenigstens, als der Einakter zu gewähren scheint. Die tragische Muse verfügt über derbere Organe, die Teilnahme des Zuschauers zu erregen, zu fesseln. Gewiß giebt es außer den ent= zückenden Proverbes A. de Mussets, O. Feuillets andre Produkte in dem heiteren Genre, die hier genannt zu werden verdienten; aber ihrer viele dürften es kaum sein, während in dem ernsteren immerhin eine längere Reihe, vielleicht nicht durchaus mustergültiger, so doch interessanter Arbeiten zu verzeichnen ist.

Aber von Massenhaftigkeit der Produktion kann auch hier nicht entfernt die Rede sein. So mag man es wohl ein Wagnis nennen, wenn Hermann Sudermann sich durch die Schwierigkeit der Sache nicht abschrecken ließ und uns in seinen „Morituri" gleich drei Einakter: zwei tragische und einen komischen bot.

Er hat die Schwierigkeit glänzend überwunden; es wird viel von der Stimmung des Zuschauers, mehr vielleicht noch von der Darstellung abhängen, welchem der drei Stücke man den ersten Preis erteilt. In Berlin wurden alle drei (auf dem Teutschen Theater) gleich mustergültig gegeben. Dennoch hatte mich, als ich sie das erste Mal sah, „Teja" so ergriffen, daß mir „Fritzchen", obgleich ich seinen Wert keinen Augenblick verkannte, verhältnismäßig nüchtern erschien, und gar „Das ewig Männliche" keine rechte Wirkung thun wollte. Bei späteren Gelegenheiten stellte es sich heraus, daß ich das erste Mal nur der Dupe meiner Nerven gewesen war.

Man sagt: jedes Drama werde nur einer Scene willen geschrieben. Buchstäblich genommen ist es ein Paradoxon; cum grano salis ist doch etwas Wahres daran. Dies: daß in jedem ein Moment kommt, zu dem die Handlung, oft mühsam genug, hinaufgestiegen ist, über den sie nicht hinaus kann, von dem sie unweigerlich wieder herunter muß. So in Maria Stuart vielleicht die Scene zwischen den beiden Königinnen; in Egmont die Unterredung zwischen dem Helden und Oranien; in Wilhelm Tell der Apfelschuß; in Hamlet die nächtliche Auseinandersetzung zwischen Mutter und Sohn u. s. w. Merkwürdig ist, daß auch in der konzentrierten Handlung des Einakters ein solcher Gipfel mit Notwendigkeit sich heraushebt: in „Teja" die Scene zwischen ihm und Bathilda; in „Fritzchen" die Aussprache zwischen Vater und Sohn. In „Das ewig Männliche" freilich könnte man zweifelhaft sein, ob die Scene zwischen dem Marschall und dem Maler nicht dasselbe Gewicht habe, wie des letzteren Liebeserklärung an die Königin; was dann vielleicht auf die geringere Konzentration hindeutet, welche die komische Handlung, wenn nicht verlangt, doch zuläßt, ohne daß das Kunstgebilde dadurch Schaden leidet.

Von den beiden tragischen Stücken rechtfertigt den Gesamttitel — das komische spielt ja nur mit ihm — vollkommen meiner Meinung nach nur „Teja". Daß der

Gotenkönig an der Spitze seiner Getreuen sterben soll und muß, darüber kann auch nicht der geringste Zweifel obwalten. Die absolute Notwendigkeit von „Fritzchens" Tod will mir nicht völlig einleuchten.

Untersuchen wir den Fall!

Vorerst ist der Ausgang eines Duells immer zweifelhaft. Der Major sagt: „Der Lanski schießt tadellos; er ist vielleicht der beste Schütze hier herum . . . Aber dein Handgelenk ist doch auch in Ordnung, Mensch! . . ." Also hier liegt die zweifellose Gewißheit von Fritzchens Tod keinesfalls. Wir werden sie wo anders suchen müssen.

Liegt sie in der Unheilbarkeit von Fritzchens Fall?

Er ist bei dem Ehebruch in flagranti ertappt, von dem wütenden Ehemann aus dem Gutshof auf die Straße gepeitscht worden. Die Knechte 2c. sind Zeuge gewesen.

Hierbei nun ist die eigentliche Ursache der Kalamität ganz irrelevant. Der Ehebruch macht die Sache nicht schlimmer. Um der Ursache willen würde kein Kamerad einen Stein auf Fritzchen werfen; mindestens sein Urteil nicht dadurch beeinflussen lassen. Fritzchen hatte eben Pech.

Weiter!

Hätte er seinen Säbel parat gehabt, würde er den von Lanski einfach niedergestochen haben, niederstechen müssen. Vater: „Wo war dein Säbel? Du hast ihn doch niedergestochen." Er nimmt es als selbstverständlich an. Wie sollte er nicht? Der Offizier muß den niederstechen, der seinen — des Königs — Rock in böser Absicht mit der Peitsche berührt hat; ja, der ihn nur mit der Peitsche bedroht, wenn ein Ausweichen unmöglich ist.

Das wäre noch längst kein Fall Brüsewitz gewesen. Zwar, daß der Erstochene ein Edelmann, hätte zweifellos in den betreffenden Kreisen ein bedenklicheres Schütteln des

23*

Kopfes hervorgebracht, und die Begnadigung der Festungs-
strafe würde nicht so bald erfolgt sein. Wie dem auch sei:
Unehrenhaftes im offizierlichen Sinn hatte der Fall bis
dahin nicht aufzuweisen.

Nun aber hat Fritzchen faktisch den Gegner nicht er-
stochen. Weshalb nicht? Weil er zu feig war, sich zu
wehren? Gott bewahre! Sein Säbel war einfach „nicht
zur Hand". Wie das zuging, wird nicht weiter aufgeklärt.
Vielleicht machte er den Besuch in Civil; vielleicht hängt
die Sache auch anders zusammen. Auf jeden Fall: er war
ohne Waffe; konnte nicht thun, was der Vater hofft, daß
er gethan habe; jeder Offizier erwartet haben würde, daß
er gethan hätte.

Hat Fritzchen dadurch eine Schande auf sich geladen,
die er nicht überleben kann?

Ich glaube: nein; so wenig, wie ein Offizier, der auf
der Straße von einem Haufen Strolche angefallen und
durchgeprügelt wird, nachdem ihm — nehmen wir an —
gleich im Beginn des Rencontre sein Säbel mit einem
Knüttel aus der Hand geschlagen war.

Fritzchens Fall liegt ganz ebenso: der Waffenlose konnte
sich des Gegners und seiner Knechte nicht erwehren, mußte
sich durchpeitschen lassen, ohne auf der Stelle die obligate
Genugthuung nehmen zu können.

Der Gegner freilich sieht darin eine Entehrung: er erklärt ihn nicht mehr für satisfaktionsfähig.

Mit Recht?

In den Augen des Vaters nicht.

Vater: „So? dafür schieß ich den Hund tot."

Das heißt: Der Mann hatte kein Recht, dir die Satis-
faktion zu verweigern. Das macht ihn in meinen Augen
zum tollen Hunde. Tolle Hunde schießt man tot.

Hier nun könnte die Vaterliebe mit der Standeslogik durchgegangen sein.

Es wird darauf ankommen, was der Ehrenrat, den Fritzchen in diesem Falle anrufen mußte, sagen wird. Nun denn! Der Ehrenrat sieht die Sache genau so an, wie der Vater; erklärt ihn für satisfaktionsfähig. Der Gegner fügt sich. Das Duell wird stattfinden.

Wo denn liegt das Verzweifelte des Falles? Aus meiner Analyse geht klärlich hervor: Fritzchen braucht nicht zu sterben. So bleibt nur eines: er will sterben.

Wie aber kommt er zu einem Entschluß, der nach offi= zierlichen Begriffen ganz abnorm genannt werden muß? In keinem Stande ist das Gemeingefühl so ausgeprägt, wie in dem des Offiziers. In gewissem Sinne kann er nicht der Thäter seiner Thaten sein. Er möchte sich schlagen: der Ehrenrat verbietet es ihm; er möchte sich nicht schlagen: der Ehrenrat gebietet es ihm. Seine Schande und seine Ehre liegt in den Händen des Offizierkorps. Hält es ihn für ehrlos, so ist er es; erklärt es ihn für ehrenhaft, so ist er es; mag die Meinung anderer, ja, seine eigene sein, welche sie will. In neunhundertneunundneunzig Fällen unter tausend wird er keine andere haben. Das sitzt ihm schon von den Kadettenjahren in Fleisch und Blut.

So denn hat er nach offizierlichen Anschauungen und Begriffen kein Recht, sterben zu wollen.

So denn gehört er, gesetzt, er beharrt eigensinnig auf seinem abnormen Willen, nicht zu denen, die sterben sollen und müssen.

Er geht in das Duell mit Herrn von Panski, wie in jedes andere. Möglich, daß jener ihn tot schießt; ebenso möglich, daß es umgekehrt kommt.

Kommt es umgekehrt, braucht er keinesfalls „in Chikago

einen Schnapsladen aufzumachen, oder einen Viehhandel mit
dem väterlichen Kapital". Er kann ganz ruhig in Deutschland bleiben; seine Cousine heiraten (wenn sie ihn noch will)
und seiner Zeit die Güter übernehmen, für die die Drosses
„seit zwei Jahrhunderten geschuftet und zusammengekratzt
und sich rumgeschlagen haben mit Tod und Teufel". Er
kann sogar vielleicht in der Armee bleiben; oder doch in
einiger Zeit wieder eintreten, wenn über die fatale Geschichte
schneller ein gnädiges Gras gewachsen ist, als er in seiner
augenblicklichen Verzweiflung sich träumen läßt.

Wäre „Fritzchen" anstatt eines Einalters ein Einbänder
— wozu der Stoff sich ganz vortrefflich eignen würde —
der Romancier hätte auf alle obigen Bedenken und Ein-
wende Rede und Antwort stehen; vielmehr die species facti
so klarlegen müssen, daß sie gar nicht erhoben werden
konnten. Der Dramatiker ist der Mühe überhoben. Die
Schnelligkeit, mit der alles an uns vorüberrauscht, das ein-
dringliche Spiel der Darsteller sorgen dafür, daß er unbestritten das letzte Wort behält.

Als Theaterstück ist „Fritzchen" einwandlos, tadellos.
Der Dichter hat hier, wie in den beiden andern Stücken,
seine eminente Kunst des Fabulierens vollauf bewährt.

Er kann fabulieren und scheut sich nicht, von seiner
Kraft ausgiebigen Gebrauch zu machen, ganz im Gegensatz
zu Gerhart Hauptmann, der nur in seinen ersten Werken:
„Vor Sonnenaufgang", „Das Friedensfest", „Einsame
Menschen" sich die Mühe des Aufbauens einer regelrechten
Fabel giebt, von der die folgenden kaum noch eine Spur
zeigen, während allerdings „Die versunkene Glocke" wieder
in die verlassene Bahn einzulenken scheint.

Die Anhänger des strengen Realismus sehen in Hauptmann ihren Meister, während sie Sudermann nicht gelten

laffen wollen. Die Anhänger der älteren Richtung perhorres=
cieren Hauptmann und möchten Sudermann gern zu den
Ihren zählen, wenn er nur nicht in dem ihnen so leidigen
Realismus hier und da zu weit ginge.

Die Sache ist: beide sind durch und durch moderne
Menschen und Dichter, die von zwei verschiedenen Punkten
der Peripherie nach dem identischen Centrum dringen.

Vielleicht, daß Sudermann mehr Welt und Versatilität,
Hauptmann größere Innigkeit und Tiefe hat.

Aber dergleichen Düfteleien überlasse man den Schwär=
mern an beiden Enden. Der vernünftige Freund der Dicht=
kunst wird sich freuen, daß wir „zwei solche Kerle" haben.

Verlag von L. Staackmann in Leipzig.

Beiträge

zur

Theorie und Technik des Romans

von

Friedrich Spielhagen.

22 Bogen. Preis brosch. ℳ 6. -; Halbfranz ℳ 7.50.

Inhalt.

finder und Erfinder

von

friedrich Spielhagen.

Autobiographie

2 Bände. brosch. à ℳ 5.—; eleg. geb. à ℳ 6.—

www.ingramcontent.com/pod-product-compliance
Lightning Source LLC
Chambersburg PA
CBHW030826270326
41928CB00007B/921